まいにちの手を動かす食事で、すくすく育つ

1～3歳 発達を促す子どもごはん

中村美穂

本書の使い方

●本書で紹介するレシピは、基本的に離乳食の後半から幼児食初期の子ども向けの内容です。材料の分量は特に表記のない限り、子ども１人分です。食べられる大きさやかたさ、量などには個人差があるので、子どもの様子を見ながら食べやすいように加減してください。
●計量は１カップ=200㎖、大さじ１＝15㎖、小さじ１＝５㎖です。
●じゃがいも、玉ねぎなどの野菜は中玉、卵はMサイズが基本です。
●野菜を洗う、皮をむくなど材料の下処理は一部省略しています。
●レシピにあるだし汁などの水分量は、使用する鍋や火力の違いなどにより途中で足りなくなる場合があります。そのときは水分を少し足して焦がさないようにしてください。ふたをすることで水分の蒸発を減らし、より早く火を通すことができます。
●電子レンジは600Wが基準です。それ以外のW数の場合、様子を見て調節をしてください。電子レンジ対応の器を使用し、突然の沸騰などに注意してください。
●調理の際は、手を洗う、肉はしっかり加熱するなど衛生面に十分気をつけ、調理後はなるべく早く食べるようにしてください。
●本書で紹介しているレシピはその日中に食べきるのが理想ですが、仕上がりが１食分以上できる場合など保存したいときは、冷蔵庫で１～２日、冷凍庫で１～２週間を目安に早めに食べ切ってください。
●だし汁は特に表記のない限り、カツオと昆布のだしです。

もくじ

第3章 困ったときはこのページに戻って 困ったときの役立ち情報

はじめに

楽しく、おいしく、気持ちよくを目標に、焦らず進めていきましょう。

1～3歳の食生活は、一人で上手に食べられるようになるための、大事な練習期間です。
その前段階に離乳食があり、形のある食べ物を舌や歯ぐきでつぶして食べ、
必要とする栄養素のほとんどを食事からとることができれば、離乳食も完了に。
その後、小学校入学前までの食事を幼児食と呼び、
主に1～2歳と3～5歳に区切られますが、
本書では、幼児食の前期と後期にまたがる1～3歳の時期の食事について取り上げています。
この時期の子どもにはさまざまな個人差があるうえ、食べ方も日々変化していきます。
メニューを工夫し、それぞれの子の成長・発達に寄り添う形で上手く手助けができれば、
子どもは自信を持って、伸びていってくれるのだと思います。
大人は何気なくできることでも、子どもにとってはすべてが挑戦。
食卓を囲む人々と「楽しく、おいしく、気持ちよく」食べられるようになることをひとつの目標に、
子どもの様子をよく見ながら、焦らず前向きに進めていきましょう。
毎日の食事が、子どもの体と心を支えます。
あっという間に大きくなる子どもとの時間を大切に積み重ねて、
「生きる力の土台」を作ってあげたいですね。

料理研究家・管理栄養士　中村美穂　著

「どうしてこういうことをするのかな？」と考えることが子どもと向き合う第一歩です。

1〜3歳頃の子どもの発達には目を見はるものがあります。
一人歩きができるようになって活動範囲が広くなったり、
言葉も少しずつ話せるようになったりして、子どもの世界はどんどん広がっていきます。
それに伴って、大人の目線から見ると「何をしているかよく分からないなぁ…？」と、
思える行動も多く見受けられるようになります。
例えば食事の場面なら、食べ物で遊んでみたり、食事の最中に動き回ったり…。
そんな子どもの行動に、イライラすることもあるのではないでしょうか。
でも怒りそうになったときこそ、
「どうしてこういうことをするのかな？」と子どもの行動の意味を考えてみませんか？
そうすることで、子どもの行動がほほえましく思えるようになるかもしれません。
この本で紹介する情報が、そんなおうちのかたの
ヒントになってくれたらなと思っています。

杏林大学・保健学部看護学科母子看護学助教　中村明子　部分監修

まずは子どもを知ることから①

子どもの発達まる分かり表

体の成長

歯の生え方・そしゃく力		身長・体重・エネルギー量		
	かじり取り期	身長	男児▷約75～85㎝ 女児▷約73～84㎝	1歳代
		体重	男児▷約9～11㎏ 女児▷約8～10㎏	
		1日に必要なエネルギー量	男児▷約1000㎉ 女児▷約900㎉	
	噛み砕き期	身長	男児▷約87～91㎝ 女児▷約85～90㎝	2歳代
		体重	男児▷約12～14㎏ 女児▷約11～12㎏	
		1日に必要なエネルギー量	男児▷約1000㎉ 女児▷約900㎉	
	すりつぶし期	身長	男児▷約95～99㎝ 女児▷約94～98㎝	3歳代
		体重	男児▷約14～15㎏ 女児▷約13～14㎏	
		1日に必要なエネルギー量	男児▷約1300㎉ 女児▷約1250㎉	

体が大きくなり噛み方や食べ方も変化します

0歳児ほどではありませんが、**1〜3歳も発育が盛んな時期。**身長は3歳を過ぎると新生児の約2倍、体重は2歳半頃で出生児の約4倍にもなります。

体の成長とともに歯も生えそろいますが、まだ歯ぐきでつぶして食べる時期。**奥歯が生え始めたら少しずつ噛む練習も始めて。**ただ、発育には個人差があるので、歯の生え方が遅い子は食材を小さくしたり、歯ぐきで噛めるやわらかさに煮るなど無理のないよう工夫を。体が大きい子や活動量の多い子は必要なエネルギー量も多いので、食事量は食欲に応じて増やしましょう。逆の場合には、一回の量を半分に減らすなどの調整を。

食材の大きさ・かたさ

大きさ

厚めのいちょう切りや角切りなど、手づかみできる大きさ。

肉団子程度のかたさ。

かたさ

- ●上下の前歯８本が生えそろい、続いて第一乳臼歯が生えてくる
- ●歯ぐきで押しつぶして食べる
- ●前歯で食べ物をかじり取ることで、大きさや形、かたさを感じる
- ●ひと口の量を覚える

大きさ

乱切りなど、スプーンにのる大きさ。

りんごの薄切りやゆで薄切り肉のかたさ。

かたさ

- ●奥歯が２対になり、噛む力がアップするが、まだかたいものを食べるのは難しい
- ●２歳代のうち、ほぼすべての乳歯が生えそろう
- ●かたい食べ物を頬と舌で支えながら、歯とあごを使って噛むことを学習する

大きさ

大人とほぼ同じ大きさの短冊切りなど、箸ではさめる大きさ。

レタスなどの生野菜、食べ煮干しのかたさ。

かたさ

- ●20本の乳歯が生えそろうが、大人より本数が少なく、面積も小さい
- ●食べ方が大人に近くなり、口の中での処理も上手になるが、まだ噛む力は大人より弱い

※１日に必要なエネルギー量は１〜２歳児、３〜５歳児の区分で目安を掲載しています。

まずは子どもを知ることから②

子どもの発達まる分かり表

心の発達

心の発達

親との結びつきが
大切な時期

1歳代

自我が強くなり、
イヤイヤ！が始まる

2歳代

社会性が芽生える、
「自己中心的」な世界

3歳代

自我が芽生え、次第に社会性を発達させていきます

体がぐんぐん大きくなるのと同様に、心も発達していきます。最初は親と自分だけだった世界から少しずつ外に出て、**自立性や主体性が育ち、社会性を発達させていく段階**です。自我が芽生えることで、「イヤイヤ！」と主張をして、おうちのかたを困らせることもこの時期にはよくあること。そんな、**子どもの気持ちをまずは受け止めて**あげて。何でも自分でしたがるものの思い通りにならず、かんしゃくを起こすこともよくありますが、子どもがいろいろなことを体験し、克服できるようにサポートしてあげましょう。上手くできたときにはほめ、**失敗を乗り越える体験をさせることが大切**です。

親のかかわり方・声かけ	
●十分な安心感や安全感を与え、しっかりとした親子の絆を作る ●子どもの主張を受け止め、主張の通りにできないときにも、一度気持ちを受け止めてから理由を伝える	●自我が目覚めることで自己主張が強くなり、自分でやりたがるようになる ●自分の思いを伝えたい気持ちはあるが、言葉が未熟ゆえトラブルになりやすい ●人見知りや後追いが出てくる
●子どもの主張を受け止め、親の都合で押さえつけない ●できたことはほめ、自信を持たせる ●「いい子」でいることを強要せず、主張が通らないときにも、気持ちを受け止めてから説明する	●泣いてわがままを通そうとするなど、親に反抗するような態度をとるようになる ●なんでも自分でやりたがったり、イヤ！と反発したりする ●一人遊びが盛んになり、頭の中にイメージを浮かべて見立て遊びをするようになる
●わがままなのではなく、発達段階として、まだ相手の立場に立てないということを理解して見守る ●子どもの話や考え方を否定せず、できるだけ聞いてあげる	●社会性が芽生え、集団の中で遊んだりすることを楽しめるようになる ●自分の立場からのみ物事を捉える、「自己中心的」な考え方をするようになる ●イメージと現実が一緒になってしまうことがある ●親の期待に応えようとする

まずは子どもを知ることから③

子どもの発達まるわかり表

運動機能・言語の発達

体の動き・手指の動き

1歳代

食事行動

1歳頃からコップを自分で持って飲もうとしたり、手づかみやスプーンで食べようとしたりし、1歳半頃になると自分でできるようになる。

- 1歳頃には一人立ちをし、1歳3ヵ月頃～1歳半頃までに一人歩きができるようになる
- 助けがあれば階段の昇り降りができる

2歳代

食事行動

2歳頃になると、片手で茶碗を押さえ、もう一方の手でスプーンを使って食べるようになるなど、上手にスプーンが使えるようになる。

- 走るようになり、走行能力が安定してくる
- 階段を1段ごとに足をそろえて昇り降りをし、2歳半頃になると、両足をそろえてぴょんぴょんとジャンプができるようになる
- 2歳頃から大人のまねをして、うがいや手洗いができるようになり、自分で服を脱ごうとする

3歳代

食事行動

「いただきます」などの食事のあいさつができるようになり、3歳半頃までには手伝わなくても大体一人で食事ができるようになる。

- 交互に足を運んで階段を昇るようになり、三輪車に乗ってペダルをこぐことができるようになる
- 少しの間なら片足で立てる
- 自分で洋服を着ようとするようになるが、前後を間違うことなどもある

運動機能が発達し、日常生活の動作ができるように

幼児期は運動機能も発達がめまぐるしく、体全体の動きや、指先の小さな動きなど、さまざまな動作に表れてきます。それに伴い、食事・睡眠・排泄・洋服の着脱など、**生活の中の基本的なことが自分でできるようになっていきます。**とはいえ、まだできないことも多い時期。失敗を繰り返しながら学んでいきますから、できなくても怒らず、できたらほめて子どもの意欲を引き出すような声かけをしてあげましょう。また、**言葉の発達も大きく伸びる時期。**少しずつ意味のある言葉を話し始め、聞かれたものを指差したり、二文語を話したりするようにも。3歳頃には日常的な会話がほぼ可能になります。

言語

- 意味を持った単語を話す
- 指差しをして、ものの名前を言う

- 二文語を話すようになる
- 2歳半〜3歳頃にはイヤ、ナンデなど気持ちを表現するようになる

- ボク、ワタシなど自分の名前を認識する
- キノウ、アシタなど時間を表現する言葉を使うようになる

- 箱が2〜4個積めるようになる

- 箱が6〜7個積めるようになる

- 8つの箱を積めるようになる
- はさみや箸を使用することができる

本書の考え方

毎日の食事は、子どもの発達を支える大切な時間です

食事は子どもの体と心を育む土台

機能の発達

手でつかんで食べたり、スプーンなどの道具を使ったりすることで手指の動きの発達が促される。また、口に入る適量をよく噛んで食べる力も育む。

心の発達

においを嗅いだり、手で触れたり、五感で食事を楽しむことで、心の発達が促される。周りの人とのコミュニケーションを通じて安心やよろこびを感じ、自信につなげる。

体の発達

子どもの体は成長を続けているため、体重に対して大人より多くの栄養素が必要。食事によってバランスよく栄養素を補給し、発育を支えながら生命も維持する。

愛情たっぷりの食事で子どもの体と心を育む

子どもにとって毎日の食事は、単に空腹をしのぐだけのものではありません。

必要な栄養素をバランスよく摂取することで**体の成長・発達を支える**のはもちろん、周りの人と楽しくコミュニケーションをとりながら食べることで**心の発達も促します。**さらに、さまざまな色やかたさの食べ物を手や道具を使って食べることで、**手指の操作の発達を促し、脳の発達にも通じる**と考えられます。

つまり、**日々の食事は、子どもの成長・発達に密接にかかわる大切な時間**だと言えるのです。

本書では、「体」「心」「機能」などの面から、**健やかに子どもを育むためのレシピを紹介**しています。食べさせるのが大変だったり、作るのが手間だったりすると、実践しにくいですが、**簡単で繰り返し作りやすいものほど、集中力の短い子どもにとっては食べやすい**もの。しかも、シンプルに味つけされた料理を食べることは、素材の味を覚えることにもつながります。**毎日の食事に取り入れやすいものから、**気軽に始めてみてください。

「食べたくなる！」食事のポイント6

ポイント 1
楽しい雰囲気でみんなで食べる

子ども一人で食べるよりも、おうちのかたも食事を並べて、声をかけながら一緒に食べることで、「自分もまねしてみよう」という気持ちになる。

ポイント 2
世話をやき過ぎず、自主性を尊重する

せかさずに見守ることが大切。自分でやりたい気持ちを損ねないよう、手元ではなく子どもが食べている食器を押さえてあげるなど、さりげないフォローを。

ポイント 3
生活リズムをととのえる

早寝早起きをし、日中にできるだけたくさん体を動かす。だらだらとお菓子や飲み物をあげずに、しっかりおなかをすかせることが大事。

ポイント 4
自分で食べやすい調理の工夫

食材の大きさやかたさは子どもの発達段階に合わせたものを。子どもが自分でおいしく食べられれば、達成感を感じて食べることへの自信につながる。

ポイント 5
見た目の楽しさ

まずは食べ物をしっかりと見せ、何を食べるのかを知ることが大切。きれいな色やかわいい形など、子どもをひきつけるビジュアルにするよう心がけるとよい。

ポイント 6
食事作りに参加する

さまざまな食材の色や形、調理中のにおいや音など、「いただきます」にいたるまでの過程に五感で触れる実体験が、子どもの食欲を引き出す。

「食べる意欲」を引き出すことが大切です

特に1～3歳の頃は、好みがはっきりしてきたり、こだわりが出てきたり、自分でやりたい気持ちはあっても上手くいかずに苦戦したりと、食事のトラブルが増える時期です。でもそれは、発達の一過程。この時期に、**試行錯誤を繰り返しながら味覚の基礎を作ったり、食べ方を習得していったりする**のです。

食事を通じて子どものさまざまな発達を促すためにも、まずは「食べてくれること」が大前提。そのためには、**「食べたい！」という気持ちを引き出すことが大切**です。「どんなものを」「誰と」「どこで」「どのように」食べるかなど、いろいろな要因で子どもの気持ちは変わってきますから、お子さんに食べる意欲がないという場合には、**上記に挙げた6つのポイントで、毎日の食事を見直してみてください。**

お子さんのペースに合わせ、できることから積み重ねていくと、少しずつ変化が見えてくるはずです。今、「自分で食べる楽しみ」を知ることや、家族や仲間と食卓を囲む「楽しい食の思い出」を作ることは、**将来の生活を支える力にもつながっていきます。**

コラム

まずは、生活リズムをととのえよう

食事と生活リズムは深く結びついているもの。食事に悩みがある場合、生活リズムの乱れが原因になっていることも少なくありません。食欲がない子でも、正しい生活リズムを身につけることで、自然とおなかがすいて食べるようになることも。夜型の生活は子どものストレスや不調の原因になりますから、この機会に、まずは毎日の生活リズムを見直してみましょう。

ポイント 1 早寝早起きの生活リズムを作る

1日の食事リズムのスイッチは、朝食を食べることでONに。でも、寝る時間が遅いと朝おなかがすかず、朝食を食べられません。遅くとも21時台には寝て、7時台に起きるように心がけましょう。

ポイント 2 外でたくさん遊びおなかをすかせる

大人と同様、子どももおなかがすいていなければ食べません。昼間に外で遊んだり散歩したりして運動量を増やし、意識的におなかをすかせるように工夫しましょう。

ポイント 3 食事とおやつの時間を一定に

食事➡おやつ➡食事の間隔をおよそ3時間以上あけ、毎日ほぼ決まった時間に食べるようにしましょう。だらだらとおやつや牛乳、ジュースなどを与えることもやめるようにして。

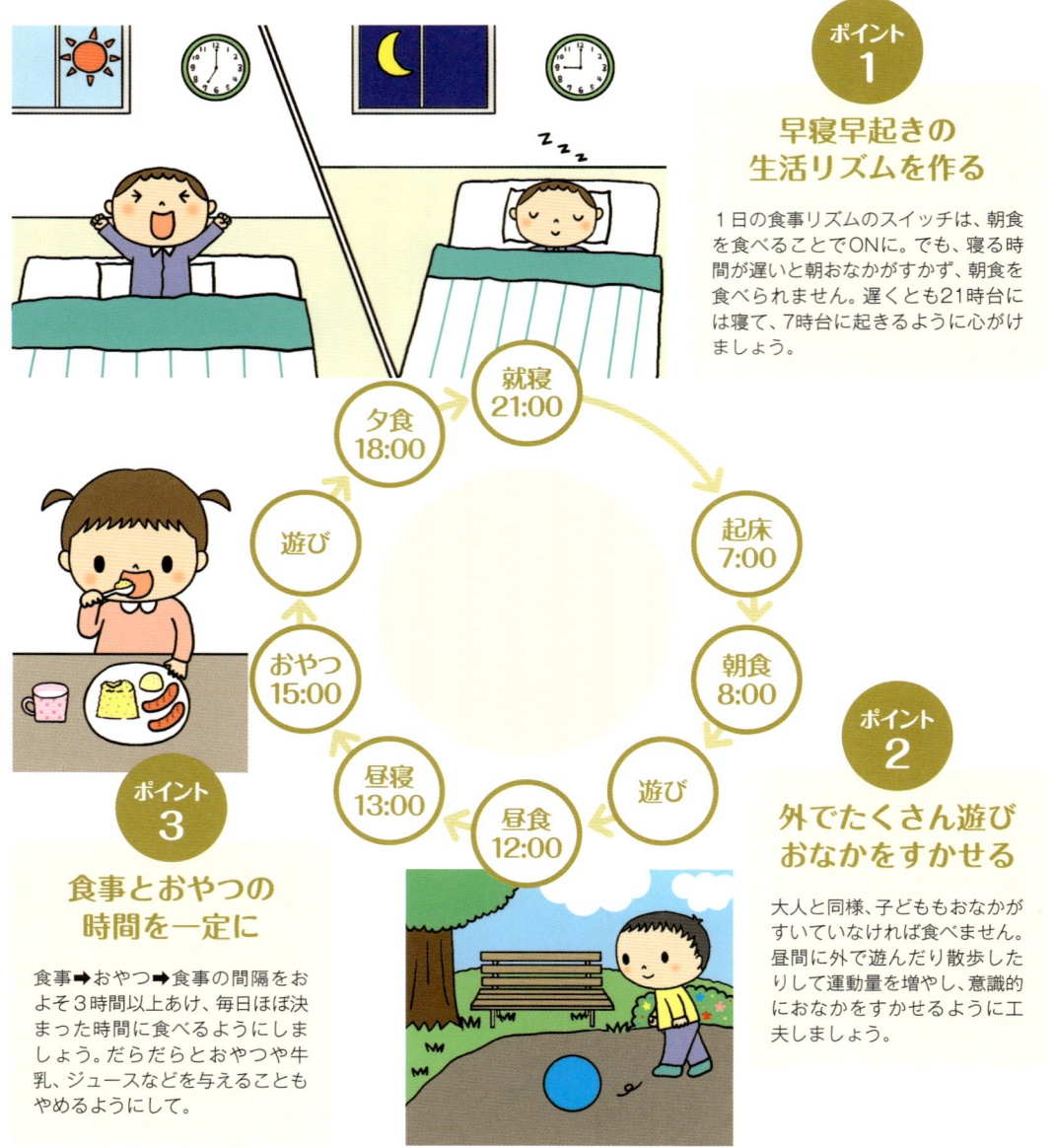

第1章

手指の動きを促し、スムーズに食べる

食べ方別レシピ

手づかみ、スプーン、フォーク、箸など、食べ方に合わせたレシピを紹介していく章です。これまでなかなか聞けなかった、手を動かすことと発達の関係や、「手づかみ食べで子どもが学んでいること」といった食べ方の解説、スムーズな練習方法なども合わせて解説していきます。

【1章で紹介するレシピ】 基本的に、すべて1歳から食べられるものです。1歳で食べにくいものについてはその都度切り方などの工夫を記載しています。食べる量は年齢や個人差で変わるため、P83の表を参考に加減してください。

知って
おこう

手を動かして食べることが発達を促して、脳の刺激にもつながる

1
目で見る
自分と食べ物との距離、大きさ、色、形などを確かめる
2 4
脳で受け止め、判断する
情報を受け止め、手や口を動かす指令を出す
3
手でつかむ
食べ物のかたさ、温度、やわらかさなどを感じる
5
口まで運ぶ
手や手首、腕を動かして食べ物を口に入れる

手づかみ食べは、目・口・手を使った高度な動作

離乳食から幼児食への移行期である1歳頃は、「食べさせてもらう」から「自分で食べる」へ、食べ方が変化するタイミングでもあります。**「自分で食べる」一番最初の段階が「手づかみ食べ」**です。

大人からすると、ごく簡単な動きのように見えますが、実は、想像以上に複雑な動き。「これくらいの大きさならつかめそう」など、食べ物の位置や大きさを目で見る➡脳で判断➡「ちょっと熱いな」「やわらかいからすぐつぶれるかな」など手でつかんで温度やかたさなどを感じとる➡脳で判断➡ほどよい力加減でつかんで口に運び入れるという、**目・手・口の協調運動**なのです。さらに、ひと口分の量や、前歯で噛み切ることも同時に学習していきます。最初から上手にはできませんが、何度も繰り返し行うことでスムーズにできるようになりますから、**十分に経験させてあげることが大切**です。また、手指の動きと脳には密接な関係がありますから、**自分の手でさまざまな食べ物の感触を体験し、手を動かして食べる動作を繰り返し行うことは、脳を刺激することにもつながります。**

無理強いせず、子どものやる気を引き出して

「手を動かして発達を促すために、最初からスプーンや箸を持たせた方がいいのでは?」と考える方もいるかもしれません。でも、**手づかみ食べの経験が、スプーンやフォーク、箸といった食具を上手に使いこなすためのベースの力になります**から、焦って食具を持たせることよりも、十分な手づかみ食べの期間が必要だと言えるでしょう。

手づかみやスプーンなど、どの段階においても、最初は上手にできないもの。大人が見本を見せるなどの働きかけをし、一緒に繰り返し練習していくことが大切です。ただし、技術の獲得にこだわってしまうと、子どもの意欲が低下し、やる気を削ぐことも。**あくまでも「楽しく食べること」を忘れずに**、食事が「トレーニング」になってしまわないように気をつけましょう。

手を動かして「自分で食べる」意欲は、食の自立だけでなく、将来、自分で生活する力にもつながっていきます。特に1〜3歳は自分でやりたい気持ちが高まる時期なので、食事だけでなく、日常生活の基本的なことも、自分でやらせるように促してあげるといいでしょう。

発達を促す働きかけのコツ

まずは大人がやってみせる

子どもは大人のマネをして、食べ方を覚えていきます。例えば箸の練習をする際、見本となる大人の持ち方が間違っていることも少なくありません。子どもにお手本を見せることは、大人も自らを見直すきっかけにもなります。手を動かすことの楽しさや大切さを子どもと一緒に体験しましょう。

さまざまな感触のものに触れる

例えば、1歳頃の子どもに豆腐を持たせるとぎゅっと握りつぶしてしまいますが、年齢が上がるにつれ、つぶさないような力加減で手に持つことができるようになります。さまざまな重さ・質感・素材のものに触れることで、ものの扱い方を学び、コントロール力が育まれます。

手を使った遊び、動作を取り入れる

クレヨンでのお絵かき、手先を使うおもちゃを使った遊びはもちろん、ボタンを外す、服を着る、靴を脱ぐなど、日常生活の中でも手を使った動きを積極的に取り入れましょう。やりたい気持ちはあっても上手にできないことも多いので、おうちのかたがさりげなくサポートしてあげましょう。

経験を制限せず自分でやらせる

食べることに限らず言えることですが、「これはダメ」「あれもダメ」と子どもの行動を制限することは、せっかくの体験のチャンスを奪うことになりかねません。ケガをする恐れがあるなど危険なこと以外は、できるだけさまざまな体験をさせてあげましょう。上手くできたらほめることも忘れずに。

子どもの発達に合ったサポートをするために
食べ方の段階を知ろう

時期

2歳　1歳　9カ月頃〜

食べ方の目安

食べさせてもらう

離乳食後半になると、少しずつ自分で食べることを覚えていきます。最初から一人では食べられないので、練習をしながらおうちのかたがサポートしてあげましょう。

手づかみ食べ

指先でつまむ

指３本で上手につまめるように。正面から口に入れ、前歯で噛んでひっぱり、ひと口量にできるようにも。

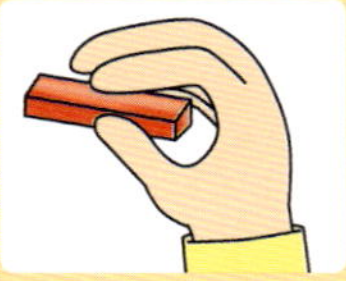

手の平全体で握る

最初は手でぎゅっと握り、つぶすだけ。その後、手を横にして口に押し込んだり、手の平で押し込むことも。

コップや器を両手でしっかり持って飲む

「いただきます」「ごちそうさま」のあいさつをする

スプーン＆フォーク

上から握る

スプーンを上から握り、ひじや腕全体を使って動かす。最初はおうちのかたが手を添えて口へ誘導する。

離乳食も後半になると、次第に「自分で食べたい」という気持ちが芽生え、手づかみ食べをするようになります。そこからスプーン・フォーク、箸へとステップアップしていく段階を、一覧にして解説します。どの段階においても、「手づかみ食べもするけどスプーンも使う」など、複数の食べ方を平行しながら進んでいきます。

5歳　4歳　3歳

一人で食べる

離乳食後期から、幼児食へ移行する頃が「手づかみ食べ」の期間。手全体で握る➡指でつまんでひと口分ずつ食べるという流れで、スプーンなどと平行して進んでいく。

食器に手を添えて（押さえて）食べる

1歳代後半くらいから、つかみ食べと平行してスプーンを使う。スプーンにのせたひと口量を口を閉じて取り込むが、最初は上手くできずにちゅっと吸ったり押し込んだりする。フォークも持ち方は同じだが、のせる面積の大きいスプーンに慣れてから、麺類などのメニューで使う。

2歳後半〜

エンピツのように持つ

人差し指・親指・中指で軽く握る持ち方に変化する。

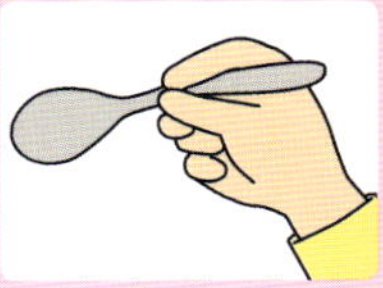

2歳半頃〜

つまみ持ち

だんだん人差し指と親指がスプーンの先に向くようになる。

食事マナーを身につける（添え手、茶碗を持つ、姿勢など）

箸

最初は…
1本ずつ動かせず、すくったりかきこんだりすることも。

はさむ
下の箸を固定し、上の箸を動かしてはさめるようになる。

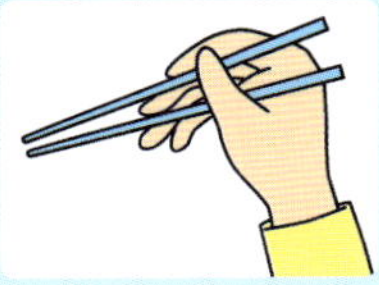

この後…
ひと口量をかじったり、箸先で切り分けたりできるように。

スプーン・フォークが使え、箸に関心を示すようになったら子ども用の箸を使わせる。箸ではさんだ食べ物を口を閉じて取り込んだり、大きいものは前歯でひと口量かじったりして食べる。最初は上手にできないので大人が見本を見せて。

表に記載した食べ方の目安と時期は、段階を大まかに示すためのものです。
時期には個人差がありますから、それぞれのお子さんのペースに合わせて進めてください。

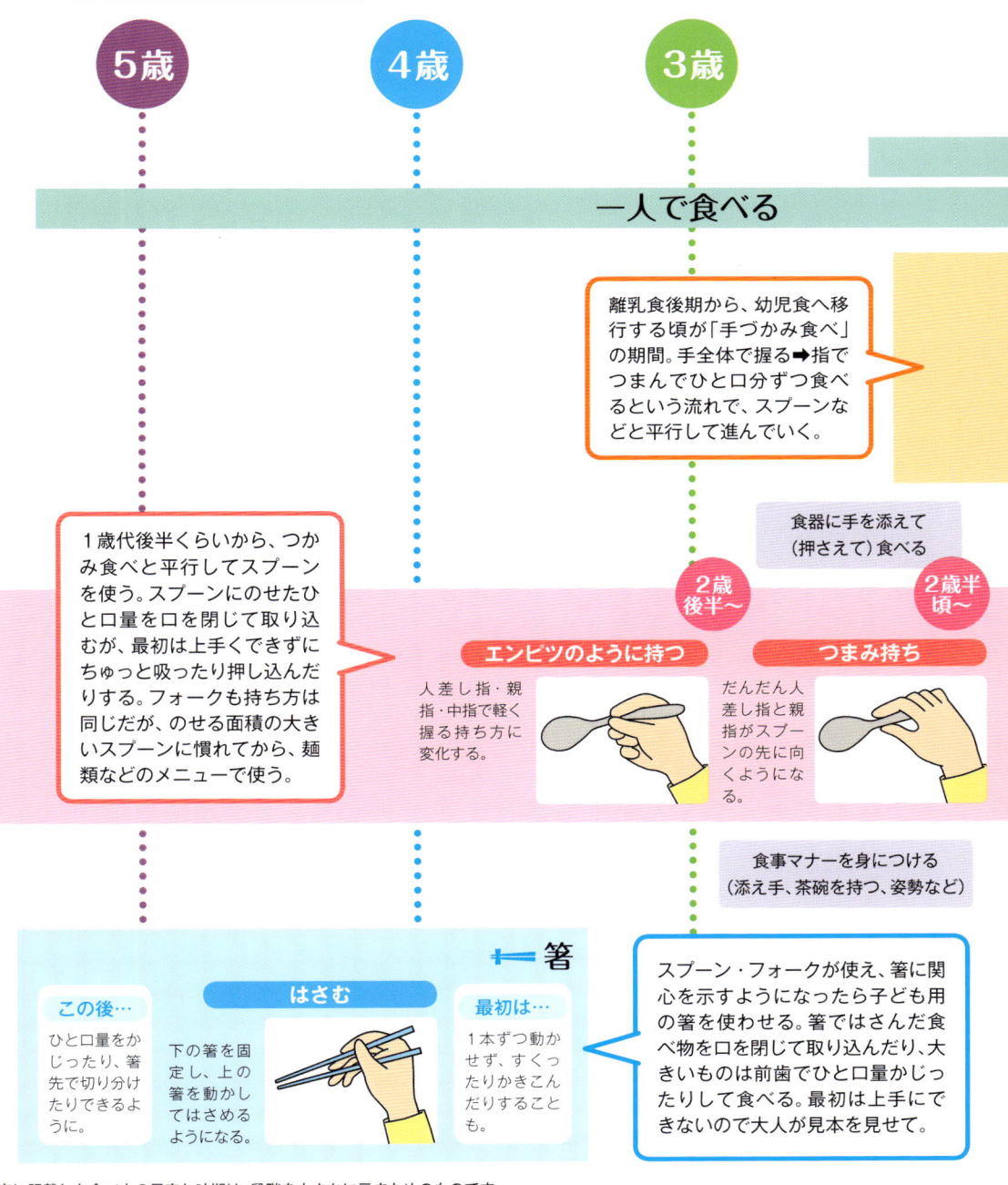

9ヵ月～2歳半頃

step 1

手づかみ

こんな様子が見られたら始めてみよう

- 食べ物に触れようとする
- 手でつかめるかたさや大きさの固形物を食べられる
- 一人で座って食事ができる

スプーンや箸で上手に食べるベースとなる練習期間です

　離乳食後半になると、それまでは大人に食べさせてもらうだけだった子どもが、少しずつ一人で食べたがるようになります。それまでの、**口の中でつぶして飲み込む練習の時期から、次第に手と口を動かして自分で食べる練習の時期に移行していく**のです。

　目で見て、手で確かめて、力を加減しながら口に入れるという一連の動作は、目・手・口の協調運動であり、**大人が思っているよりも複雑な動作**です。

　食べ物に手で触れようとするのは、食に対する興味の表れであり、自分で食べることにつながる第一歩。テーブルや洋服が汚れるため、おうちのかたは大変かもしれませんが、**手づかみ食べの十分な経験が、食べることの楽しさを知り、スプーンや箸を上手に使うための基礎になります。**一時のことだと覚悟して、ぜひ十分に体験させてあげて。

やる気を尊重しながら、さりげなくフォローを

　最初は上手にできず、食べ物をぎゅっとつかんで口に押し込んだり、ぐちゃぐちゃにしたりしてしまいますが、何度も繰り返し経験することで次第に、ぎゅっと握るところから、指でつまみ、大きなものはひと口分を噛み切れるようになります。また、ここで**ひと口分の量を覚えることが、スプーンや箸でこぼさずに食べることにもつながります。**自分でやりたい気持ちが高まる時期なので、さりげなくフォローをしながら子どものペースに合わせて練習を。

手づかみ食べでこんなことを学んでいます

- 食べ物の大きさ、色、形
- 手指や腕の動かし方
- 食べ物のかたさ、重さ、温度
- 前歯を使って噛み切る
- ひと口分の量

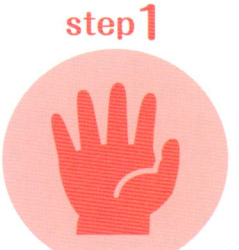

手づかみ食べの練習をしよう

手づかみ食べは、目・手・口の協調運動。最初は上手にできないので、10分程度の練習からスタートします。おうちのかたがサポートしてあげることで、少しずつ一人で食べられるようになります。

1 しっかりと座る

テーブルは
子どもの胸の下
くらいの高さ
台などを
置いて足を
床につける

テーブルとおなかを近づけ、イスと背中をぴったりつける。イスとテーブルが一体型のものや、イスにベルトがついている場合もタオルなどをはさんで調整する。

2 ひとつの食材を別皿に取り分けて

複数の食材を食卓に並べると集中できず、遊び食べにつながることもあるため、盛りつけた皿は遠くに置き、取り皿に食材をひとつずつ取り出し、食べ終えたら次の食材に移る。

3 最初はおうちのかたが手で誘導

最初は上手く口に運べなかったり、ひと口以上の量を詰め込んでしまったりするため、おうちのかたがお子さんの手を持って口へ誘導し、ひと口分を食べられるように教える。

4 練習は10分程度で終了してOK

10分程度を目安にするか、やる気がなくなったり嫌がったりしたら切り上げ、大人が食べさせる。やめたがらない場合は、つかみやすい食材を持たせながら食べさせてあげて。

上手な手づかみ食べの練習のポイント

1. きちんと前歯で噛み切れている
2. ひと口量を覚えて加減できる
3. 3本指でつまんで、口に入れられる

食事マナーのポイント

- いただきます、ごちそうさまを言おう
- 茶碗やコップから飲む練習もしよう

手づかみしやすい調理の工夫

細長くする

手で持って食べやすいよう、細長く成形。噛み切ったときにひと口サイズにもなりやすい。

棒状～角切りにする

指でつぶせる程度まで煮た野菜などを、子どもが手づかみしやすい形や大きさにして試します。

まわりをかためる

持ったときに崩れないよう、外側はべたつかないようにかため、中は指でつぶせるやわらかさに。

1歳頃〜

step2

スプーン&フォークを使う

こんな様子が見られたら始めてみよう

- スプーンを持ちたがる
- ガラガラなど手に持つおもちゃを自分で持ち、手首でふることができる

手の動きだけでなく、唇や口の動きの練習にもなります

手づかみ食べで目・手・口の協調運動を十分経験しながら、最初の食具、スプーンも平行して練習します。最初は手全体で握りますが、指先に力が入るようになるにつれて持ち方が変わり、段階を経て、大人と同様の持ち方になります。**スプーンに慣れ、「すくう」動作ができるようになったら、フォークですくったり刺したりして食べる練習をしましょう。**スプーンの練習は、食べ物を上手にすくうだけでなく、**ひと口分を口に入れ、唇で押さえながら食べ物を引き抜く練習でもあります。**いきなりフォークを使うと、ひと口分以上の量が口に入ったり、しっかり唇を使わずに食べてしまったりするので、注意が必要です。また、スプーンやフォークで上手に食べられるようになるのと同時に、片手で皿を押さえるなど両手を連動させて食べることもマスターしていきます。

スプーン&フォークと器の選び方

柄が太めで握りやすいもの

まだ手の動きがスムーズではない子どもの手でも握りやすい、太めのものを選んで。

ステンレス製でフチが薄いもの

スプーンの場合は薄い方が食材をすくいやすく、フォークの場合は食材を刺しやすい。

子どもの口に入れやすいサイズ

スプーンはすくう部分が口元の⅔くらいのサイズを。フォークは刺す部分が尖らず細めのものがよい。

立ち上がりがあり安定するもの

食べ物をスプーンでフチに押しやり、はね返ってスプーンにのせるという動作がしやすい。

スプーンとフォークの練習をしよう

「しっかり座ること」、「最初はおうちのかたが誘導すること」は、P21の①や③と同じです。左の①〜④の流れはスプーン・フォークとも同様ですが、スプーンですくう練習をした後にフォークを持たせます。

1 おうちのかたが誘導する

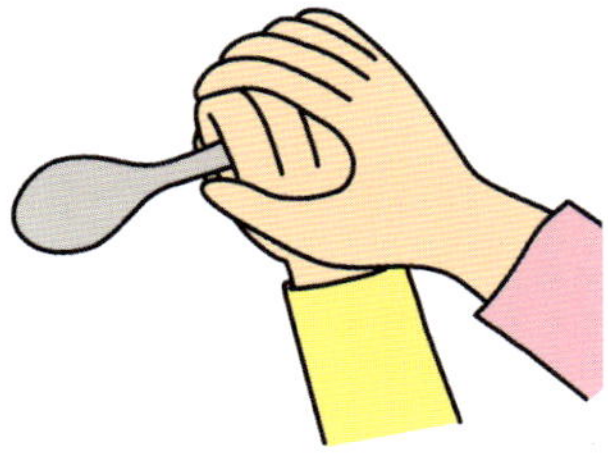

最初はしっかりと握ることが大切。おうちのかたがお子さんの手を持って口へ誘導する。フォークの場合は刺したり、すきまにひっかけて食べることも教えるとよい。

2 上から握る（上手持ち）

手の平全体でスプーンを上から握り、ひじや腕全体を使って動かす。最初は食べ物を上手くスプーンにのせることができず、反対の手でのせることもあるが、この段階ではOK。

3 つまみ持ち

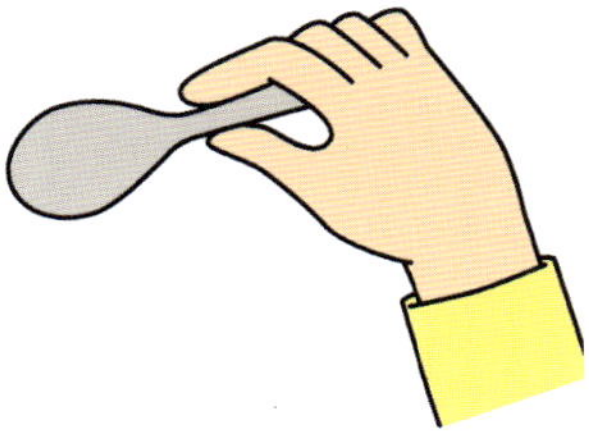

②ができると、次第に人差し指と親指がスプーンの先に向いてくるので、指でつまむように持たせる。子どもが上手持ちを持ちにくく感じ、自然とこの持ち方になることも。

4 指3本でエンピツ持ち

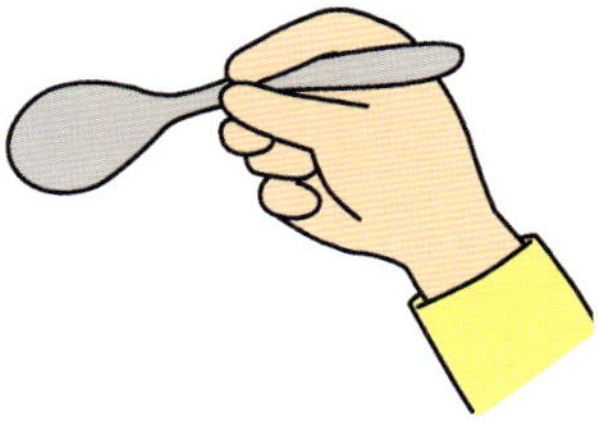

③に慣れてきたら、人差し指・親指・中指でスプーンを下から、エンピツを持つように軽く握る持ち方を教える。この持ち方ができるようになると、箸への移行がスムーズに。

スプーン&フォークの練習ポイント

1. スプーンの練習を先にする。フォークは麺類などを食べるときに挑戦して
2. 失敗してテーブルの下に落とすことが多いので、複数本準備しておくとよい
3. 手づかみ食べと平行して進める

食事マナーのポイント

●姿勢よく食べよう
（正しい姿勢はP21①のイラスト参照）
●皿に手を添えて食べよう

スプーン&フォークで食べやすい調理の工夫

フォークにかかる長さに

短すぎず長すぎない、ひと口分を取りやすい4cm程度に切る。乾麺は短く折ってからゆでても。

とろみですくいやすく

ヨーグルトやゼリーのように、汁物もとろみをつけるとすくいやすく、飲み込みやすい。

スプーンにのるサイズ

スプーンにのりやすいひと口大の、コロコロとした形状。フォークの場合も同様に。

3歳頃〜

step3

箸を使う

こんな様子が見られたら始めてみよう

- ●フォークやスプーンが上手に使える
- ●箸に興味を持つ

※2歳頃から使いたがることもあるが、フォークやスプーンが上手に使えないうちは無理に持たせない

まだ持てなくて当然、じっくりと練習しましょう

箸は大人でも正しい持ち方ができない場合があるほど、高度な手指の動きを要する道具。3歳頃で持てるようにはなっても、正しく使えるようになるのは5〜6歳が目安。**「まだ持てなくて当然」と考えて、じっくりと取り組みましょう。**

箸の前段階として、スプーンやフォークで手指の動きや力加減などをしっかり学んでおくことが大切です。また、箸は持ち始めてもすぐには上手に使えないもの。上手にできないことがストレスになったり、意欲を損なったりしないよう、箸だけでなく**スプーンやフォークも準備しておいて、平行して使える状態にしておくのがおすすめ**です。最初はかきこんで食べたり左手が出たりすることもありますが、大人が手本を見せながら、やさしく正しい持ち方を促してあげましょう。

? 矯正箸は使った方がいいの？

子どもが箸を正しく使えるようになるのは、4〜5歳になってから。矯正箸は、その前段階で子どもの手指の機能を補助するもの。ですから、必ず使わなければいけないというわけではありません。子どもが箸で食べることで気分が盛り上がってよく食べるなど、メリットがあるなら持たせてもいいでしょう。

箸の選び方

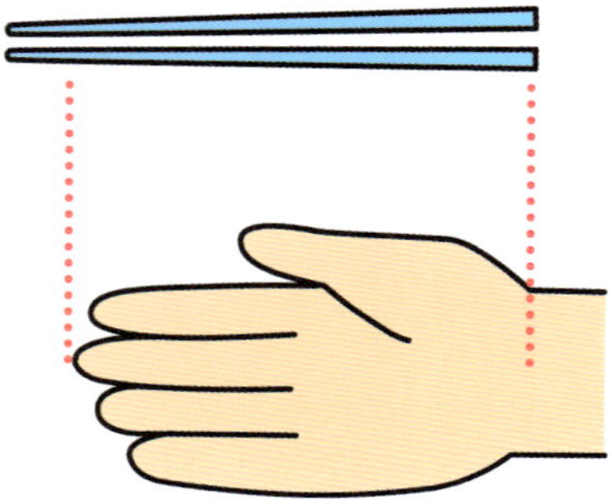

❶子どもの手に合う長さ

子どもの手の長さ（手首から中指の先）の1.2倍が目安。または手より3㎝くらい長いもの。

❷持ちやすい素材・形

木製でつやがないものが持ちやすい。細すぎず、太すぎず、持ち手の断面が丸みを帯びた角だとすべりにくい。

箸の練習をしよう

箸の持ち方は、間違って身につけてしまうと直すのにとても苦労します。２歳くらいから使いたがることもありますが、正しく使えるよう焦らずじっくり練習していきましょう。

1 正しい持ち方を覚えよう

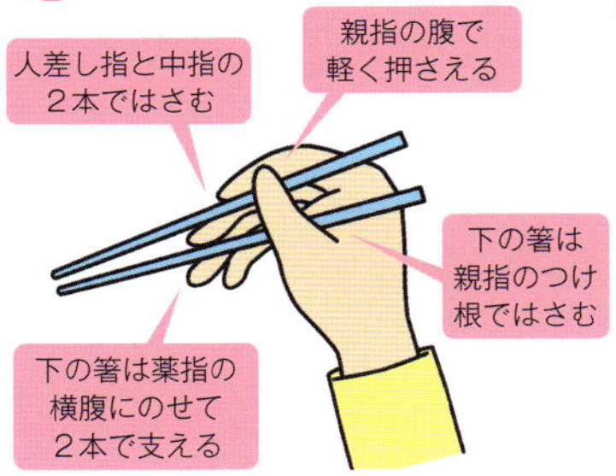
人差し指と中指の２本ではさむ
親指の腹で軽く押さえる
下の箸は親指のつけ根ではさむ
下の箸は薬指の横腹にのせて２本で支える

大人が見本を見せながら、箸の真ん中より少し上を正しく持たせる。上のポイントを押さえながら、やさしく誘導を。興味を持つようだったら、食事以外の時間に練習してもよい。

2 閉じたり、開いたりして使ってみよう

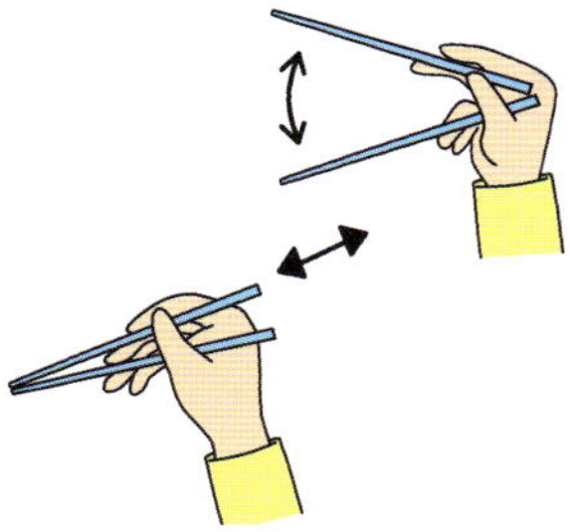

正しく持てるようになったら、大きく開き、２本の先が合わさるように閉じる練習を。箸を開いたとき上になる１本を、人差し指と中指できちんとはさんでいることがポイント。

3 間違った持ち方をしていないかチェック

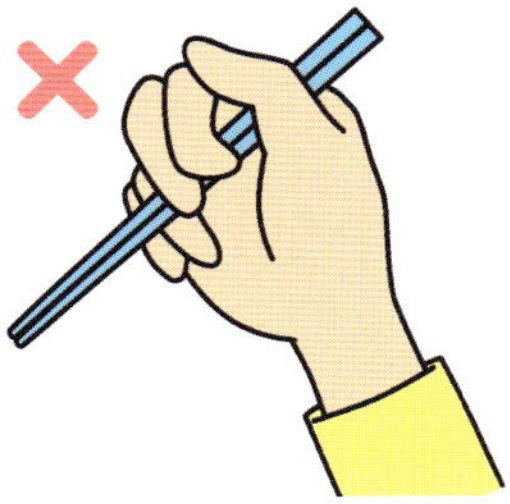

持ち方はこまめにチェックを。親指の角度や中指の位置などを、①を参照しながら細かく確認。間違った持ち方をしていたら、クセになる前にやさしく正して。

4 箸のマナー違反もチェック

✕ **寄せ箸**（食器を箸で動かす）

✕ **刺し箸**（フォークのように食べ物を刺す）

✕ **ねぶり箸**（箸をくわえたりなめたり）

箸には特有のマナーがあるため、動かし方を教えながら、上記のきまりも教える。この時期は食事マナーを覚えるのに最適。右のポイントも含めて、よい習慣を身につけて。

食事マナーのポイント

箸の練習と一緒に添え手の動きにも注意して、正しい食事マナーを学んでいきましょう。

1. 茶碗をフチと糸じり（底面の高さがある部分）で持つ
2. 左手を器に添える（左ききなら右手）
3. 姿勢よく食べる（ひじをつかない）

など、おうちのかたが気をつけて見てあげて。①～③ができるようになると、こぼさず上手に食べることができます。

箸で食べやすい調理の工夫

はさみやすい薄さ＆大きさ

球状よりも、１cm幅くらいで２cmほど長さがあるとはさみやすい。マカロニくらいのサイズが目安。

はさみやすいかたさに

やわらかすぎるとはさめないため、噛む力を考慮しながら、箸ではさみやすいかたさに調整する。

すべりにくい食材を選ぶ

ゆでブロッコリーやキャベツ、高野豆腐などを選び、納豆やオクラ、あんかけなどは避ける。

「手づかみ食べ」を サポートするレシピ

メニューのバリエーションに悩みがちな手づかみ食べ。毎日の食事に応用しやすいように手づかみポイントと一緒に紹介します。

ちぎったのりで
食べやすく
のりサンドおにぎり
さつまいもと
玉ねぎのみそ汁
子ども好みの
やさしい甘み
カツオ節の風味を
いかして薄味に
にんじんとキャベツの
おかか和え
ヒジキ入り
豆腐ハンバーグ
ふわふわ食感に
子どもも夢中

副菜 にんじんとキャベツのおかか和え

材料

●にんじん、キャベツ…各10g ●カツオ節…少々
●しょうゆ…少々（1～2滴） ●ゆで汁…小さじ¼

作り方

1. にんじんは1㎝角の棒状に切り、キャベツは5㎝角に切る。
2. たっぷりの水を入れた鍋ににんじんを入れてふたをし、強火にかける。沸騰したらキャベツを加え、中～弱火でやわらかくゆでる。
3. ❷の水気をきり、キャベツは芯を取って1.5㎝角に切る。カツオ節、しょうゆ、ゆで汁と和える。

手づかみポイント

野菜は、ゆでただけだと食べにくい場合には、だしや調味料で薄味をつけても○。あえていろいろな大きさのものを用意し、少しずつステップアップしていきましょう。野菜はまとめてゆでておくと、他の料理にも使い分けられて便利。

主食 のりサンドおにぎり

材料

●ごはん…80g（子ども茶碗1杯弱）
●焼きのり…1枚（全型）の⅓程度
●赤じそふりかけ…小さじ¼

作り方

1. ごはんに赤じそふりかけを混ぜる。
2. 広げたラップに❶をのせて包み、厚さ1㎝の長方形に伸ばして、持ったときに崩れない程度のかたさにする。焼きのりを細かくちぎり、両面にまぶす。
3. 水でしめらせた包丁やキッチンバサミで5つに切る。

手づかみポイント

ごはんが手にくっつかないように青のり、すりごま、きな粉など粉状のものをまぶします。のりは大きいと噛み切れないので細かくちぎって食べやすくして。

汁物 さつまいもと玉ねぎのみそ汁

材料

●さつまいも…30g
●玉ねぎ…20g
●だし汁…150㎖
●みそ…小さじ1
●万能ねぎ…5g

作り方

1. さつまいもと玉ねぎは1㎝角に切り、さつまいもは水洗いしてアクを抜き、水をきる。
2. だし汁に❶を入れて煮る。やわらかくなったらみそを溶かし入れ、火を止める。小口切りにした万能ねぎを散らす。

手づかみポイント

汁物は具の一部を皿に取り出して手づかみの練習用に使いましょう。残りは汁と混ぜて食べさせてあげれば、無理なく食べられて効率的。

主菜 ヒジキ入り豆腐ハンバーグ

材料

●木綿豆腐…50g ●豚ひき肉…10g
●芽ヒジキ（乾燥）…小さじ¼ ●にんじん、玉ねぎ…各5g
A［■パン粉…大さじ1 ■片栗粉…小さじ1 ■みそ…小さじ¼］
●サラダ油…適量

作り方

1. 木綿豆腐はふきんなどで包む。ポリ袋に入れて口を閉じ、冷蔵庫に入れて1時間ほどおき、水きりする。芽ヒジキは熱湯で戻し、みじん切りにする。にんじん、玉ねぎはゆで、みじん切りにする。
2. ポリ袋にサラダ油以外のすべての材料を入れ、袋をもんでよく混ぜる。口を閉じて端をハサミで切る。
3. ❷を絞り出し、スプーンで切って小判形にまとめ、サラダ油を熱したフライパンに並べる。色づいたら裏返し、湯大さじ2（分量外）を入れ、ふたをして水がなくなるまで蒸し焼きにする。

手づかみポイント

ふたをして蒸し焼きにすると火の通りが早く、ふんわり仕上がります。

ペーストで
パンがしっとり

主食 ロールパンのスライスサンドイッチ（ツナ＆かぼちゃ）

材料

- ●ロールパン（コッペパンなど）…⅔〜１個
- ●ツナ（ノンオイル、調味料不使用）…５g
- ●かぼちゃ…20g
- ●牛乳…小さじ½程度

作り方

1. かぼちゃはゆでて皮をむき、フォークの背などでつぶす。
2. ❶に汁をきったツナを混ぜ、牛乳を少しずつ加えてぬりやすいかたさにする。
3. ロールパンを１〜1.5㎝厚さの輪切りにして間に切り込みを入れ、❷をはさむ。

手づかみポイント

パンは切り落とさずに切り込みを入れることでバラバラにならず、手づかみしやすくなります。食べやすさを考え、具はペースト状でべたつかないものをはさみましょう。

納豆の粘りで
ごはんがまとまる

主食

納豆入り野菜ごはんおやき

材料

- ●納豆（小粒）…小さじ1
- ●ゆでて刻んだ野菜…大さじ2
  ※キャベツ、小松菜、にんじんなど
- ●ごはん…大さじ4
- ●薄力粉…大さじ2
- ●野菜のゆで汁…小さじ2程度
- ●塩、青のり…各少々 ●サラダ油…適量

作り方

1. ボウルに納豆、野菜、ごはん、薄力粉、塩、青のりを入れてよく混ぜ、野菜のゆで汁を少量ずつ加えてまとめる。
2. 熱したフライパンにサラダ油を薄くしき、スプーンで❶を入れて3㎝の大きさに平らに伸ばす。色づいたら裏返し、ふたをして焼く。

手づかみポイント

いろいろな食材を一度にとれるうえ、食べこぼしにくいおやきは手づかみメニューの代表。ゆで野菜を使えば火の通りも早く、手軽に作れます。

ほんのり甘くて
子どもがよろこぶ

主食 おやつ

きな粉トーストスティック

材料

- ●食パン（8枚切り）…1枚
- ●きな粉…小さじ1
- ●砂糖…小さじ¼
- ●バター…小さじ½

作り方

1. 室温でやわらかくしたバターを食パンにぬり、砂糖を混ぜたきな粉をふりかける。
2. ❶を2㎝幅の棒状に切り、オーブントースターで軽く色づくまで焼く。

手づかみポイント

パンはやわらがすぎると上あごに貼りついたり、団子状になってのどに詰まりやすいため、軽くトーストしましょう。丸のみできない長さに切ることで、手で握って前歯でかじり取る練習になります。

レンジでできる
ノンオイルメニュー

主菜 ライスソーセージ

材料

- ●豚ひき肉…25g ●ごはん、玉ねぎ…各15g
- ●薄力粉…小さじ½
- ●パセリ（みじん切り）、塩…各少々

作り方

1. 玉ねぎはみじん切りにし、耐熱容器に入れる。水小さじ１（分量外）をふってラップをかけ、電子レンジで約30秒加熱し、冷ます。
2. **1**に残りすべての材料を加えてよく混ぜ、ラップで棒状に包んで両端を軽くねじる。
3. 耐熱皿にのせ、電子レンジで１分半加熱し、食べやすい大きさに切る。
※加熱しすぎるとかたくなるため注意。

手づかみポイント

ごはん入りの肉だねをラップに包んで成形し、手づかみしやすい形に。電子レンジで加熱するだけの時短メニュー。

すりおろし野菜で
ふんわり

主菜 野菜入りチキンナゲット

材料

- ●鶏ひき肉（むね）…20g
- ●れんこん…10g
- ●玉ねぎ、にんじん…各５g
- **A**［■パン粉…小さじ１ ■片栗粉…小さじ½ ■塩…少々］
- ●サラダ油、トマトケチャップ（好みで）…各適量

作り方

1. れんこん、玉ねぎ、にんじんはすりおろしてポリ袋に入れ、鶏ひき肉、**A**を加えて袋をもんでよく混ぜる。２×３㎝の小判形に丸める。
2. フライパンに高さ１㎝のサラダ油を入れて温める。箸を入れて泡が出るくらい（中温）になったら❶を入れ、裏返しながらきつね色になるまで揚げる。紙の上に取り、余分な油をきる。好みでケチャップを少量添える。

手づかみポイント

野菜はすりおろすことでおいしく食べやすくなり、つなぎにもなって仕上がりもふんわり。多めに作る場合、フードプロセッサーを使うと便利。

青のり風味で
食が進む

主菜 白身魚の青のりポテト焼き

材料

- ●真ダラ…20g ※他の白身魚でもよい
- ●じゃがいも…40g
- ●牛乳、片栗粉…各大さじ½
- ●青のり、塩…各少々
- ●サラダ油…適量

作り方

1. じゃがいもはいちょう切りにし、水からゆでる。竹串が通るかたさになったら、骨と皮を取った真ダラも加え、火が通ったらゆで汁をきる。
2. ❶をつぶし、牛乳、片栗粉、青のり、塩を加え混ぜる。1.5×２㎝の大きさに丸め、サラダ油を熱したフライパンに並べ、両面が薄く色づくまで焼く。

手づかみポイント

パサつきがちな魚やじゃがいもを片栗粉でつなぎ、いももち風のおやきに。食材をやわらかくしてからまとめる調理法は、手づかみしやすく、食べやすいのでおすすめです。

だしをきかせた
定番の煮物

副菜 **野菜のシラス煮**

材料

●大根、にんじん…各20g ●ブロッコリー…10g
●シラス…小さじ½ ●水…200mℓ
●だし昆布（2㎝角）…1枚 ●しょうゆ…小さじ¼

作り方

1 大根、にんじんは1㎝厚さのいちょう切りや棒状にする。ブロッコリーは1.5㎝大の小房に分ける。
2 鍋に水とだし昆布を入れ、大根とにんじんを入れてふたをしてやわらかくなるまで煮る。ブロッコリーとシラス、しょうゆを加えてさらに煮る。

手づかみポイント

シンプルな煮野菜は手づかみメニューの基本。煮汁から少しずつ具を取り出して平皿に盛ります。大人用に大きめにカットしたものを、煮た後に切り分けても〇。

りんごの甘みで
豆を食べやすく

副菜 白花豆とりんご煮

材料（4食分）

●白花豆（ゆでたもの）…80g ※白いんげん豆でもよい
●りんご…½個
●砂糖…大さじ1 ●塩…ひとつまみ

作り方

鍋に白花豆と、皮と芯を取って厚めのいちょう切りにしたりんご、砂糖、塩を入れて約10分煮る。
※豆の皮が食べにくい場合はむく。

※乾燥豆のゆで方
豆は水に約4時間浸す。水をきり、鍋に豆とたっぷりの水を入れてふたをし、強火にかける。沸騰したら火を弱め、やわらかくなるまで約20分（圧力鍋の場合は約7分）ゆでる。

※保存方法
密閉容器にゆで汁少しと一緒に入れ、乾燥を防ぐ。冷凍庫で2週間程度保存可能。食べる際は加熱する。

手づかみポイント

豆類は手づかみ食べメニューに大活躍。まとめてゆで、小分けにして冷凍すれば、スープやサラダにも使えます。金時豆、白いんげん豆など糖質が多いものがおすすめです。

一食で食べ応え
十分！

主菜 ごはん入りほうれんそうチーズオムレツ

材料

●卵…½個 ●ごはん…大さじ2
●ほうれんそう…10g
●粉チーズ…小さじ½
●塩…ひとつまみ ●サラダ油…適量

作り方

1. ほうれんそうは沸騰した湯でやわらかくゆで、水にさらして絞り、粗みじん切りにする。
2. 溶いた卵に1とごはん、粉チーズ、塩を加え混ぜる。
3. サラダ油を熱したフライパンに2を丸く流し入れ、箸で混ぜながら1㎝厚さにまとめる。ふたをして両面が薄く色づくまで焼き、食べやすい大きさに切る。

手づかみポイント

青菜はそのままだと食べにくいので、刻んで生地に混ぜます。½個の卵でも、ごはんを加えることでボリュームアップ！ 主食とおかずが一緒にとれます。

子どもがよろこぶ
モチモチ食感

主食 おやつ

かぼちゃ蒸しパン

材料（3～4個分）

A［■薄力粉…60g ■ベーキングパウダー…小さじ1］
●かぼちゃ…30g
B［■豆乳…大さじ2 ■サラダ油…大さじ½ ■砂糖…大さじ1 ■塩…少々］

作り方

1. かぼちゃはゆでて皮をむき、ラップで包んで手でもみつぶす。ボウルに入れ、**B**を加えて泡立て器でよく混ぜる。**A**をザルでふるいながら加え、ゴムベラで混ぜる。
2. カップをしいた耐熱容器に生地を7分目くらいまで入れる。蒸気の上がった蒸し器に並べ、強火で15分程度蒸す。蒸し器がない場合は鍋またはフライパンに高さ2㎝の湯を入れ、容器を並べる。ぬれ布巾で包んだふたをし（**a**）、強火で15分程度蒸す（途中で湯がなくなりそうになったら足す）。

手づかみポイント

卵・乳不使用のやさしい味。パン類はやわらかすぎると口の中で詰まりやすいため、生地は握ってもつぶれない程度のかたさで、口の中で溶ける状態が適しています。

青菜を入れて栄養をプラス

手づかみポイント

スコーンは、粉と油を先になじませることで外はさっくり、中はふんわりした食感に。手で持っても崩れず、唾液で溶けるかたさになります。

主食　おやつ

小松菜ヨーグルトスコーン

材料（約15個分）

A［■薄力粉…100g
　■ベーキングパウダー…小さじ1と½］
●サラダ油…大さじ2
●小松菜…30g
B［■プレーンヨーグルト…大さじ2 ■砂糖…大さじ2
　■塩…ひとつまみ］

作り方

1. 小松菜はやわらかくゆで、葉先の部分をみじん切りにしてすり鉢などですりつぶす。**B**を加えて混ぜる。
2. **A**をボウルに入れて混ぜる。サラダ油を加え、両手でこすり合わせるようにしてなじませる。粉と油が均一に混ざってサラサラの状態になったら、**1**を混ぜ、ひとまとめにする。
3. ラップで包んで1cm厚さの四角形に伸ばし、包丁で1×3cmの棒状に切る。
4. アルミホイルをしいて**3**を並べ、オーブントースターで約10分焼く。

バターの香りに思わず手が伸びる

主食　おやつ

にんじんフレンチトースト

材料

●食パン（8枚切り）…1枚
A［■にんじん（生・すりおろしたもの）…小さじ1
　■卵…½個 ■牛乳（または豆乳）…大さじ2
　■砂糖…小さじ¼］
●バター（またはサラダ油）…小さじ½

作り方

1. よく混ぜた**A**に6等分に切った食パンを浸し、全体に液を含ませる。
2. 熱したフライパンにバターを薄くしき、**1**を並べて両面が薄く色づくまで焼く。

手づかみポイント

かたくなったパンでもできるフレンチトーストは、甘さを控えて野菜を入れれば食事メニューに変身！　中はやわらかく外はカリッとしているのが手づかみ食べにもぴったりのかたさです。

「スプーンを使って食べる」をサポートするレシピ

スプーンは初めて使う食具。食材のサイズや調理方法をすくいやすく工夫して、自分で食べる楽しさを体験させてあげましょう。

さつまいもとみかんの寒天ゼリー
つるっと食べられる
きゅうりのはちみつレモン漬け
きゅうりの青臭さが和らぎ食べやすい
鶏と野菜のサイコロスープ
カラフルな野菜で食欲アップ
ツナミルクピラフ
牛乳を入れてまろやかに

副菜 さつまいもとみかんの寒天ゼリー

材料（作りやすい分量） ※子ども1人分は¼量程度です

- さつまいも…100g
- オレンジジュース（100%）…50㎖
- 粉寒天…小さじ¼
- ゆで汁…50㎖ ●砂糖…小さじ1程度 ●塩…少々

作り方

1. 皮をむき薄く切ったさつまいもを水にさらし、水からやわらかくなるまでゆでる。水気をきって熱いうちにつぶす。ゆで汁はとっておく。
2. 小鍋に❶とゆで汁、オレンジジュース、粉寒天、砂糖、塩を加え、火にかけて混ぜながら沸騰させる。
3. 水でぬらした容器に❷を高さ1㎝入れ、冷蔵庫で約30分冷やしかためる。小さく切り、器に盛る（ミニグラスに直接流し入れてもよい）。

スプーンポイント

さつまいもはオレンジ煮として温かいうちにそのまま食べても。オレンジジュースの代わりにりんごジュース、さつまいもの代わりにかぼちゃもおすすめ。

主食 主菜 ツナミルクピラフ

材料（作りやすい分量） ※子ども1人分は茶碗1杯程度です

- 米…2合（360㎖）
- ツナ（ノンオイル、調味料不使用）…1缶（80g）
- ミックスベジタブル（冷凍）…1カップ（100g）
- 水…200㎖ ●牛乳…200㎖ ●塩、サラダ油…各小さじ1
- ミニトマト…適量 ※子ども1人分につき1個

作り方

1. 米はといでザルにあげて水をきり、鍋に入れて水を加え、約30分浸す。
2. ❶に牛乳、塩、サラダ油、ツナ（汁ごと）を入れて混ぜ、凍ったままのミックスベジタブルをのせてふたをする。強火にかけ、沸騰したら弱火にして17分炊く。10分蒸らして混ぜる。
3. 茶碗に入れて形を作ってから皿にあけ、半分に切ったミニトマトを添える。

スプーンポイント

常備品を使って簡単にでき、栄養バランスもよい炊き込みごはん。立ち上がりのある皿に盛りつければ、スプーンで食べる練習におすすめです。

汁物 鶏と野菜のサイコロスープ

材料

- 鶏もも肉（皮なし）…15g
- 玉ねぎ、かぼちゃ…各10g
- 赤パプリカ、ズッキーニ…各5g
- だし昆布（2㎝角）…1枚
- 水…150㎖ ●塩、しょうゆ…各小さじ⅛

作り方

1. 鶏もも肉、玉ねぎ、かぼちゃ、赤パプリカ、ズッキーニはすべて1㎝角に切る。
2. 鍋に水、だし昆布を入れて火にかけ、沸騰したら❶を入れてふたをし、やわらかくなるまで煮る。塩、しょうゆで薄味をつける。
※鶏もも肉が食べにくい場合は取り出してさらに刻んでもよい。

スプーンポイント

具をスプーンにのる大きさに切りそろえ、昆布だしで煮るだけの簡単スープ。麺やごはんを加えたり、みそで味を変えるなど、いろいろアレンジできます。

副菜 きゅうりのはちみつレモン漬け

材料（作りやすい分量） ※子ども1人分は大さじ1～2程度です

- きゅうり…1本
- はちみつ…小さじ2
- レモン汁…小さじ1
- 塩…小さじ¼
- だし昆布（2㎝角）…1枚

作り方

1. きゅうりの皮をピーラーなどで縦じまにむき、薄い半月切りにする。
※さっとゆでてもよい。
2. ポリ袋にはちみつ、レモン汁、塩、だし昆布を入れて混ぜ、❶を入れてなじませる。空気を抜いて口を閉じ、冷蔵庫で約30分おく。
※さらに食べやすい大きさに刻んでもよい。

スプーンポイント

きゅうりは皮を半分程度むいてから、半月切りにして食べやすくします。塩で漬けるとしんなりとして食べやすい食感になり、スプーンですくいやすくなります。

高野豆腐と青菜で
カルシウム補給

主食

高野豆腐そぼろのビビンパ風混ぜごはん

材料

●ごはん…80g ●高野豆腐…¼枚
●水…50㎖ ●しょうゆ、砂糖…各小さじ¼
●にんじん、ほうれんそう…各5g ●ごま油…小さじ¼
●塩…少々 ●白すりごま…小さじ¼

作り方

1. 高野豆腐をぬるま湯に浸して戻し、みじん切りにする。小鍋に水、しょうゆ、砂糖を煮立たせ、高野豆腐を入れて弱火で煮汁がなくなるまで煮る。
2. 薄切りにしたにんじんを水からゆで、やわらかくなったらほうれんそうを入れて、ほうれんそうがやわらかくなるまでゆでる。ザルにあげて軽く水洗いし、にんじんは短いせん切り、ほうれんそうはみじん切りにする。
3. 1に2とごま油、塩、白すりごま、ごはんを混ぜる。

スプーンポイント

乾物には栄養価が高いものが多いので、ぜひ活用したいもの。高野豆腐は高タンパク、低脂肪でカルシウムや鉄分も豊富。刻めばスプーンでも食べやすく、薄味で煮ればお肉代わりに重宝します。

野菜がパクパク
食べられる

スプーンポイント

金時豆はまとめてゆでておくと、甘煮やおかずの具材に使い回せて便利。水溶き小麦粉でとろみをつけることで、スプーンで食べやすく仕上げています。薄めてスープにしたり、ごはんやパスタにかけたりしても。

主菜

金時豆と野菜のトマト煮

材料

●金時豆（ゆでたもの）…大さじ1と½
※ゆで方はP33の「乾燥豆のゆで方」を参照
●トマト水煮（缶）…大さじ1と½
●玉ねぎ、ズッキーニ、黄パプリカ…各10g
●だし汁（昆布）…100㎖
※湯にだし昆布2㎝角程度を浸して冷ましたもの
●塩…少々
●しょうゆ、砂糖…各小さじ¼
●オリーブオイル…小さじ¼
●薄力粉…小さじ1 ●水…小さじ2

作り方

1. 鍋にオリーブオイルを熱し、1㎝角に切った玉ねぎ、ズッキーニ、黄パプリカを炒める。
2. だし汁、トマト水煮、金時豆、塩、しょうゆ、砂糖を入れてやわらかくなるまで煮たら、水で溶いた薄力粉を入れ、とろみをつける。

甘酸っぱい
爽やかな味

副菜

キャベツとみかんのサラダ

材料

- ●キャベツ…20g
- ●ハム（スライス）…¼枚
- ●きゅうり…10g
- ●みかん（果肉）…10g

A［■みかんの絞り汁…小さじ1 ■塩…少々 ■油小さじ¼］

作り方

1. キャベツは大きい葉のまま、沸騰した湯でやわらかくゆでる。ハムとスライスしたきゅうりもさっと湯通しする。
2. キャベツの芯を取り、1.5㎝角に切る。ハムときゅうりを短いせん切りにする。
3. **A**を混ぜ、**2**を加えて和える。みかんは薄皮をむき、果肉を半分に割って加える。

スプーンポイント

市販のドレッシングは油や添加物が多いので控えたいもの。果汁を使ったドレッシングで、ゆでてスプーンにのるサイズに切った野菜を和えれば、サラダも食べやすくなります。

やさしい味の
手作りソース

汁物

シーフード入りクリームシチュー

材料

- ●シーフードミックス（冷凍）…15g ※アサリ、エビなど
- ●ミックスベジタブル（冷凍）…20g
- ●じゃがいも…20g
- ●バター…小さじ½ ●薄力粉…小さじ1と½
- ●牛乳…50㎖ ●水…100㎖ ●塩…小さじ¼

作り方

1. 耐熱容器にバターと薄力粉を入れ、電子レンジで約30秒加熱して溶かす。牛乳を少しずつ加え混ぜ、さらに約50秒加熱してとろみをつける。
2. 小鍋に分量の水と1㎝角に切ったじゃがいもを入れて火にかけ、やわらかくなったら解凍して細かく刻んだシーフードミックス、ミックスベジタブルを加える。**1**と塩も加えて弱火で煮て、沸騰直前で火を止める。

スプーンポイント

簡単にできるホワイトソースでとろみづけすれば、スプーンですくいやすく、食べにくい具もおいしく食べられます。シーフードミックスは噛みにくいので細かく刻み、飲み込みやすいメニューに混ぜて使いましょう。

「フォークを使って食べる」をサポートするレシピ

スプーンに慣れたら、次はフォークに挑戦しましょう。
フォークに刺しやすいもの、ひっかかりやすいメニューを紹介します。

かぶの甘みが引き立つ
かぶ入りコーンスープ
シラスと青菜のふりかけ和風パスタ
シラスの塩気をいかして
アスパラチーズ焼き
チーズのコクでおいしさアップ
しゃぶしゃぶ肉の丸め焼き ケチャップ添え
薄切り肉を丸めてジューシーに

副菜 アスパラチーズ焼き

材料

●グリーンアスパラガス…⅔本
●サラダ油、塩…各少々
●粉チーズ…小さじ½

作り方

1 グリーンアスパラガスは根元の皮をピーラーでむき、2㎝幅に切る。
2 サラダ油を熱したフライパンで炒め、塩と粉チーズをふり、火を止める。

フォークポイント

「しゃぶしゃぶ肉の丸め焼き」を焼いているフライパンの端でグリーンアスパラを焼けば、同時に2品作ることができます。粉チーズには味つけだけでなく、皿から取るときにすべりにくくなる役割も。

主食 シラスと青菜のふりかけ和風パスタ

材料

●シラス…小さじ1 ●かぶの葉…5g
●サラダ油…小さじ1 ●しょうゆ…小さじ¼
●塩…少々
●好みのパスタ…20g
※早ゆでねじりパスタ、マカロニなど

作り方

1 フライパンにサラダ油を熱し、シラスとみじん切りのかぶの葉を入れて炒める。しんなりしたらしょうゆ、塩を混ぜる。
2 沸騰した湯にパスタを入れてやわらかくゆで、ザルにあげて1に加える。ゆで汁少量（分量外）を加えて軽く炒め合わせる。

フォークポイント

食べにくい青菜の根元の部分も、みじん切りにしてふりかけにすれば常備菜として使えます。ショートパスタはロングパスタよりもフォークで刺して食べやすく、刻む手間も省けるので便利です。

汁物 かぶ入りコーンスープ

材料

●かぶ…15g ●かぶの葉…5g ●玉ねぎ…10g
●だし汁（昆布）…100㎖ ※湯にだし昆布2㎝角程度を浸して冷ましたもの、その他のだし汁でも可
●クリームコーン（缶）…30g
●牛乳…大さじ1
●塩…小さじ¼

作り方

1 かぶと玉ねぎは1㎝角に切り、葉はみじん切りにする。鍋にだし汁と玉ねぎを入れてやわらかくなるまで煮る。かぶとかぶの葉を加えてさらに煮る。
2 クリームコーン、牛乳、塩を入れて温める。

フォークポイント

クリームコーンの缶詰はグラタンのソースなどにも利用できます。甘味があるので一緒に入れた野菜も食べやすく、とろみがつくのでフォークでも食べやすい。

主菜 しゃぶしゃぶ肉の丸め焼き ケチャップ添え

材料

●豚しゃぶしゃぶ用肉…3枚（20g）
●薄力粉…適量
●サラダ油、塩…各少々
●トマトケチャップ（好みで）…適量

作り方

1 ラップの上に豚しゃぶしゃぶ用肉を広げて軽く塩をふり、茶こしで薄力粉を全体に薄くふりかける。
2 1をくしゅっとよせて3㎝の丸形にととのえ、サラダ油を熱したフライパンに並べる。両面が色づくまで焼く。
3 皿に盛り、好みでケチャップを添える。

フォークポイント

厚切り肉は噛み切れませんが、粉をふったしゃぶしゃぶ用肉を丸めてソテーすれば、噛み切りやすく、フォークでも食べやすくなります。粉をまぶすことで肉のパサつきも防げます。

肉や野菜も
つるんと食べやすい

主食 あんかけ焼きそば

材料

●焼きそば用中華麺…½袋（65g）●豚薄切り肉…20g
●ピーマン、赤ピーマン…各5g ●玉ねぎ…15g
●にんにく（みじん切り）…少々 ●だし汁…100㎖
●ごま油…小さじ¼ ●しょうゆ…小さじ½ ●塩…少々
●水溶き片栗粉（片栗粉小さじ½＋水小さじ1）

作り方

1. 豚薄切り肉、ピーマン、赤ピーマン、玉ねぎは繊維を断つように1㎝長さのせん切りにする。焼きそば用中華麺はザルに入れて熱湯をかけ、水気をきって4㎝長さに切る。
2. フライパンにごま油とにんにくを入れて火にかけ、1の肉と野菜を炒める。ピーマンがしんなりしたら麺を加え、だし汁、しょうゆ、塩を入れて、水溶き片栗粉でとろみをつける。

フォークポイント

麺はお湯をかけて油を落とし、やわらかくしてからフォークにかかる長さに切ります。あんかけにすることでフォークにひっかかりやすくなり麺と具が一緒に食べやすくなります。

淡白な魚も
食べやすい

主菜 アジのから揚げケチャップあん

材料

●アジ…30g
※その他生ダラなどでもよい、骨は注意して取り除く
●片栗粉…小さじ1 ●長ねぎ…10g
A［■水…大さじ1
■トマトケチャップ、しょうゆ、みりん…各小さじ½］
●サラダ油…適量

作り方

1. アジは小骨を取ってひと口大に切り、片栗粉を薄くまぶす。
2. フライパンに高さ1㎝のサラダ油を熱し、1を入れて両面をカラッと揚げる。
3. 小鍋にみじん切りの長ねぎとAを入れて混ぜ、弱火で煮る。火を止めて2をからめる。

フォークポイント

魚は、カラッと揚げて甘酸っぱいケチャップあんにからめれば、苦手な子もパクパク食べられます。ひと口大にカットしてフォークでも食べやすく。

ヨーグルトで
あっさりまとめて

副菜 かぼちゃとさつまいもとりんごのサラダ

材料

●かぼちゃ、さつまいも…各20g ●りんご…15g
●レーズン…小さじ1
●パセリ（みじん切り・あれば）…少々
A［■プレーンヨーグルト…小さじ1 ■砂糖…小さじ¼
■サラダ油…小さじ½ ■塩…少々］

作り方

1. かぼちゃとさつまいもは1cmの角切りにし、ゆでるか電子レンジでやわらかくなるまで加熱する。りんごは薄いいちょう切りにし、レーズンとともに耐熱皿に入れて水小さじ1（分量外）をふり、電子レンジで約30秒加熱する。
2. Aを混ぜ、1を和える。あればパセリのみじん切りをふる。

フォークポイント

薄く切ったりんごだけでは食べにくいため、角切りのかぼちゃや、いもなどと合わせて、フォークで食べやすいサラダに。プレーンヨーグルトはソースやドレッシングのベースとして利用できます。

やさしいだしの
風味を味わって

汁物 冷麦入り豆腐と野菜のスープ

材料

●冷麦…10g ●絹ごし豆腐…30g
●チンゲンサイ…15g ●にんじん…10g
●だし汁…100mℓ
●しょうゆ…小さじ¼ ●水…150mℓ

作り方

1. 絹ごし豆腐は1.5cm角に、チンゲンサイとにんじんは1.5cm長さの細切りにする。
2. 分量の水ににんじんを入れて煮る。沸騰したら1.5cm長さに折った冷麦を入れ、やわらかくなったらだし汁、豆腐、チンゲンサイを入れる。煮汁の味をみてしょうゆを加える。

フォークポイント

短く折った冷麦やそうめんを野菜と一緒に煮て、麺から出る塩分ととろみを利用します。麺のつるっとした食感が楽しいアクセントにもなります。

「箸を使って食べる」をサポートするレシピ

スプーンやフォークが上手に使えるようになったら、少しずつ箸を使っていきましょう。すべりにくく、はさみやすいようにひと工夫したレシピです。

枝豆入りわかめごはん

栄養バランスとおいしさがアップ

なすと油揚げのみそ汁

油揚げのコクをプラス

ブロッコリーとちくわの梅和え

やさしい酸味で食欲を促す

鮭のパン粉焼き

マヨ＆ヨーグルトの衣で味つけ

副菜 ブロッコリーとちくわの梅和え

材料

- ●ブロッコリー…20g
- ●竹ちくわ…¼本
- ●梅干し、砂糖、しょうゆ…各小さじ¼
- ●水…小さじ1

作り方

1. ブロッコリーは小房に分けてゆで、ちくわは輪切りにしてさっとゆでる。
2. 梅干しは種を取って刻み、水、砂糖、しょうゆを混ぜ、**1**を和える。

箸ポイント

ブロッコリーは箸がひっかかりやすい形状。ちくわも薄く切れば箸でも取りやすく、和え物やサラダに加えるとうまみも出ます。梅干しを塩の代わりにして、少しずつ酸味に慣れる練習を。

主食 枝豆入りわかめごはん

材料

- ●わかめ（戻したもの）…小さじ½
- ●ごま油、しょうゆ…各小さじ¼
- ●塩…少々
- ●枝豆…5粒程度
- ●ごはん…80g

作り方

1. わかめはみじん切りにしてごま油で炒め、塩、しょうゆを混ぜる。
2. 枝豆はやわらかくゆでて皮をむき、粗く刻んで**1**に加える。
3. 温かいごはんに**2**を混ぜる。

箸ポイント

炒めたわかめをごはんに混ぜれば、食が進むだけでなく、ごはんの水分を具が吸うので、箸のひっかかりがよくなります。枝豆は刻まず加えれば箸でつまむ練習にもなります。

汁物 なすと油揚げのみそ汁

材料

- ●油揚げ…⅛枚
- ●なす…20g
- ●長ねぎ…5g
- ●だし汁（煮干しなど）…150㎖
- ●みそ…小さじ1

作り方

1. 油揚げは湯をかけて油抜きし、2㎝長さの短冊切りにする。なすは縦じまに皮をむいていちょう切りにし、水にさらしてアクを抜く。長ねぎは半月切りにする。
2. だし汁に**1**を入れて煮る。みそを溶かし入れ、火を止める。

箸ポイント

なすと油揚げは箸にひっかかりやすく、食べやすい大きさに切ります。なすは苦手な子が多い野菜ですが油分やみそ汁などのうまみを含ませるとおいしく食べられます。

主菜 鮭のパン粉焼き

材料

- ●生鮭…30g
- A［■プレーンヨーグルト…小さじ½
  ■マヨネーズ…小さじ1］
- ●パン粉（細目）…大さじ1
- ●サラダ油…少々

作り方

1. 生鮭は骨と皮を取り、ひと口大に切る。
2. Aを混ぜて**1**をくぐらせ、パン粉をまぶす。
3. サラダ油を薄くしいたアルミホイルに並べ、オーブントースター（または魚焼きグリル）で約10分、焼き色がつくまで焼く。

箸ポイント

魚はひと口大に切ってから調理すれば火の通りが早く、崩れにくいうえ、箸でも食べやすくなります。ヨーグルトとマヨネーズの衣にパン粉をつけてオーブントースターで焼くフライは、揚げるより少ない油量でできます。

桜エビと
しょうゆが香ばしい

主食 主菜

厚揚げと桜エビの焼きうどん

材料

●厚揚げ…30g ●桜エビ（乾燥）…小さじ1 ●湯…大さじ2
●チンゲンサイ…20g ●ゆでうどん…½玉（100g）
●ごま油…小さじ½ ●しょうゆ、カツオ節…各小さじ½

作り方

1. 厚揚げは湯（分量外）をかけ、2～3㎝長さの短冊切りにする。チンゲンサイの葉も同じ大きさに切り、芯はせん切りにする。桜エビは分量の湯で戻して刻み、戻し汁も残しておく。ゆでうどんは4～5㎝長さに切る。
2. フライパンにごま油を熱し、1の厚揚げ、チンゲンサイを炒める（a）。桜エビ、戻し汁、うどんを加え、しょうゆを入れて汁気がなくなるまで炒める。カツオ節をふる。

箸ポイント

すべりやすいうどんは焼くと箸で取りやすくなります。崩れにくい厚揚げは箸でつかみやすい食材。厚揚げ、桜エビ、チンゲンサイはいずれもカルシウムや鉄分が豊富。火の通りが早いので便利です。

ごまの風味が
食欲をそそる

主菜 鶏と野菜のすりごま煮

材料（2〜3食分）

●鶏ささみ肉…1本（60g）●にんじん、玉ねぎ…各40g
●じゃがいも…80g ●きぬさや…5g ●だし汁…150mℓ
●しょうゆ、砂糖…各小さじ½ ●白すりごま…小さじ½

作り方

1. 鶏ささみ肉は1.5cm大のそぎ切りにする。にんじんは5mm厚さの半月切りまたはいちょう切り、玉ねぎは1×2cm角に切る。じゃがいもは1cm厚さのいちょう切りにし、水にさらしてアクを抜く。
2. 鍋にだし汁、1のにんじん、玉ねぎを入れふたをして煮る。にんじんがやわらかくなったら鶏ささみ肉とじゃがいもを入れ、色が変わったらしょうゆ、砂糖、細切りにしたきぬさやを加えて煮汁が少なくなるまで煮る。火を止め、白ごまをふる。

箸ポイント

薄味の肉じゃがを煮汁が少なくなるまで煮詰めてすりごまをふると、味をよく含み、箸で取りやすくなります。

野菜と肉が
一度に食べられる

主菜 ぺたんこギョーザ

材料

●ギョーザの皮（小判）…3枚 ●豚ひき肉…20g
●キャベツ…10g ●ニラ…5g ●片栗粉…小さじ½
●塩…少々 ●しょうゆ…小さじ¼
●ごま油…小さじ½ ●湯…50mℓ

作り方

1. キャベツはゆでてみじん切りにし、水気を絞る。ニラもみじん切りにする。
2. 豚ひき肉に1と片栗粉、塩、しょうゆを合わせてよく混ぜ、3等分してギョーザの皮にのせる。端に水をぬって半分に折り、ひだを寄せずに合わせ、中央を指でつまんでリボン状にする（P25参照）。
3. フライパンにごま油を熱し、2を並べる。底に薄く焼き色がついたら湯を加え、ふたをして蒸し焼きにする。ふたを取り、水分を飛ばして底をカリッと仕上げる。

箸ポイント

ギョーザは肉と野菜をおいしく食べられるメニュー。ひだをつけずに包んで中心をつまむと、簡単で食べやすい形に。蒸し焼きにすれば火の通りも早く、皮もおいしく仕上がります。

煮汁のうまみがポイント

副菜

切り干し大根高野豆腐煮

材料（4食分）

●高野豆腐（乾燥）…½枚 ●切り干し大根（乾燥）…5g
●にんじん…20g ●さやいんげん…10g ●ごま油…小さじ½
●カツオ節…ひとつまみ ●しょうゆ、砂糖…各小さじ½ ●水…200mℓ

作り方

1. 高野豆腐と切り干し大根はぬるま湯に浸して戻し、水分を絞る。高野豆腐は半分の厚さにし、2～3㎝長さの短冊切りにする。にんじんも同様に切る。切り干し大根は2㎝長さに切り、さやいんげんは斜め薄切りにする。
2. 鍋にごま油を熱し、1の切り干し大根とにんじんを炒める。水を入れ、沸騰したらカツオ節、しょうゆ、砂糖、高野豆腐、さやいんげんを入れて煮汁が少なくなるまでふたをして煮る。

箸ポイント

高野豆腐は短冊切りにし、切り干し大根は短く切ることで箸で取りやすくします。高野豆腐や切り干し大根には鉄分やカルシウム、食物繊維など不足しがちな栄養素が豊富。

レンジを使って
さっと下ゆで

副菜

かぶとパプリカの即席漬け

材料（1～2食分）

- かぶ…30g
- かぶの葉…5g
- 赤パプリカ…10g
- 塩、酢、砂糖…小さじ¼
- 刻み昆布…2g

作り方

1. かぶはいちょう切りにし、葉はみじん切りにする。赤パプリカは短いせん切りにする。刻み昆布は短く切る。耐熱容器に入れて水小さじ1（分量外）をふり、ラップをして電子レンジで約50秒加熱する。
2. ポリ袋に塩、酢、砂糖を入れて混ぜ、1も入れて混ぜる。空気を抜いて口を閉じ、冷蔵庫に入れて約30分おく。

箸ポイント

野菜を漬けるとしんなりするので、そのままよりも箸で食べやすくなります。乾燥の刻み昆布はうまみが出るうえ、一緒に食べられるのでおすすめ。キャベツ、きゅうりなどでも作れます。

切り方の工夫で
子どもも食べやすい

箸ポイント

噛み切りにくいものは薄切りに、やわらかくなるものは大きめのひと口大にします。大人用から取り分けて刻むこともできます。

主菜　汁物

ミニおでん

材料（4食分）

- うずらの卵（水煮）…4個
- 大根、にんじん…各60g
- 揚げボール…8個
- こんにゃく、焼きちくわ…各50g
- だし昆布（3㎝程度）…1枚
- だし汁（カツオ）…200mℓ
- しょうゆ、みりん…各小さじ½
- 塩…小さじ¼

作り方

1. にんじん、大根は厚さ1㎝の輪切りにし、いちょう切りにするか、抜き型で抜き、残りは刻む。揚げボールとこんにゃくはさっとゆでて油やアクを抜く。こんにゃくは2㎝角程度の薄切りに。焼きちくわは1㎝幅に切る。だし昆布はハサミで短い細切りにする。
2. 小鍋にだし汁、昆布、大根、にんじんを入れてふたをして煮る。野菜に火が通ったらしょうゆ、みりん、塩を入れ、揚げボール、こんにゃく、焼きちくわ、うずらの卵を入れて弱火で約20分煮る。火を止めて味を含ませる。
※揚げボール、うずらの卵も食べにくい場合は刻む。

コラム

食べるのが楽しくなるワンポイントテク

子どもにとって料理の見た目や、食卓の楽しい雰囲気は大切な要素。ふだんは食が細い子でも、色や形を変えることで食べてくれることがよくあります。ここでは、料理を楽しく見せる８つのテクニックを紹介。さまざまな素材や料理に応用できる簡単なアイディアですから、ぜひ毎日の食事のいろいろな場面で活用してみてください。ちょっとした工夫でいつものごはんがかわいく変身！「わーっ！」とよろこんで食べてくれたらうれしいですね。

テクニック 1

抜き型を使って お皿の上を楽しく

ゆで野菜は型で抜いてかわいくアレンジ。彩りもきれいになり、子どもの食べる意欲が高まります。ゆでた野菜を使えば子どもでもラクに抜けて楽しめます。

スライスしてゆでたにんじんと大根を抜き型で抜き、卵焼きの上にのせる。ゆでたきぬさやを飾る。

例えばこんな使い方

チーズ、ハム、薄焼き卵なども型で抜きやすい食材。ハンバーグやカレー、サラダのトッピングなどにも使えます。

テクニック 2

いろんな具を はさんで楽しく

おかずやパンなどをはさむことで目先が変わって子どもの興味がアップ。顔などの絵を描くとより楽しい雰囲気になり、子どもが進んで食べるように。

❶丸パンに切り込みを入れ、キャベツとハンバーグをはさむ。
❷ケチャップで顔を描く。

例えばこんな使い方

ポテトサラダやコールスローなど、残しがちなサラダもパンにはさむことで食べやすくなります。

テクニック
3

くるくる巻いてロール状に

ラップを使って丸めてあげるだけで、断面がかわいいうず巻きになり、子どもの興味をそそります。

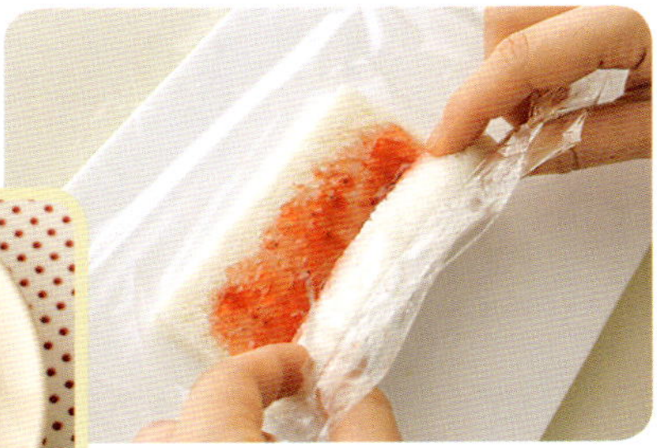

1 ラップの上にサンドイッチ用の食パンを置き、向こう側の端を1㎝残してジャムをぬる。
2 手前を1㎝を折って芯にしたらくるくると巻き、ラップで包んで形ととのえ、5等分に切る。

例えばこんな使い方

かぼちゃやレバーペースト、ごまクリームなどでもOK。パンの代わりにのり、チーズ、薄焼き卵、ハムなどでも。

テクニック
4

のり巻きをかわいく盛りつけ

小さなのり巻きを組合わせてかわいいお花の形に。かぼちゃが混ざることで、白いごはんが苦手な子でも食べやすくなり、栄養価も上がります。

1 ごはんに好みの量のゆでたかぼちゃと塩少々を入れ、かぼちゃをつぶしながら混ぜる。 **2** ラップに1枚（全型）を¼に切ったのりを置き、向こう側の端を1㎝残して1を広げる。手前を持ち上げて一度に巻き、ラップで包んで巻き終わりをとがらせるように押してしずく形にする。5等分に切り、花のように並べる。 **3** にんじんを丸く切り、中心にのせる。

例えばこんな使い方

具は刻んだ青菜、青のりでもアレンジ可能。彩りがきれいになる食材を選ぶと、一層子どもの気持ちをそそります。

テクニック
5

ラップでぎゅっと絞って

コロンとした小さな茶巾絞りは手づかみしやすい形。口にも運びやすく、自分で食べる意欲を高めます。

1 かぼちゃは3㎝角に切ってゆで、皮をとる。ラップに包んで手で押してつぶし、上をねじって丸く形をととのえる。
2 刻んだりんごやレーズンをトッピングする。

例えばこんな使い方

かぼちゃの代わりに、さつまいもやじゃがいもなどのいも類、ごはんなどを使っても同じように作れます。

テクニック
6

カップに入れてかわいく

アイスクリームのように盛りつけて子どもの心をひきつけます。カラフルな野菜を飾ってかわいくするとー層食べたい気持ちが膨らみます。くり返し使えるシリコンカップが便利です。

❶じゃがいもは皮をむいていちょう切りにし、水からゆでる。つぶしてヨーグルト、マヨネーズを混ぜて好みの味にし、カップに入れて丸く形作る。 ❷小さく切ったミニトマトやゆでブロッコリー、とうもろこしなどを飾る。

例えばこんな使い方

ひじきの煮物や切り干し大根でもOK。皿の上で広がることも防ぐので、スプーンやフォークで食べやすくなります。

テクニック
7

紙コップに入れてよそゆきに

紙コップに入れるだけでお祭りの出店で買ったような気分に。楽しい雰囲気作りも子どもの食欲を促すポイントです。

❶さつまいもは1㎝角、7～8㎝長さに切り、水にさらす。かぼちゃは5㎜厚さ、8㎝長さに切り、さやいんげんは両端を切り落とす。野菜はペーパータオルで水気をきる。 ❷小さめのフライパンに高さ2～3㎝の油を入れて熱し、箸を入れると泡が出るくらい（中温）で①を揚げる。紙の上で油をきり、冷めたら紙コップにさす。

例えばこんな使い方

野菜スティックや細く切ったトースト、小さな丸形のドーナツ、クッキー、蒸しパンなどを入れても楽しめます。

テクニック
8

のりのお顔で簡単デコ

子どもがよろこぶ定番のテクニック。顔などのパーツははさみで切っても作れますが、スーパーなどで市販されているのり用パンチを活用すると便利。

❶ラップでごはんを丸く握り、市販ののりパンチなどで切ったのりを飾る。
❷ごまや梅などで人や動物の顔にする。

例えばこんな使い方

サンドイッチやハンバーグ、オムライスなどにケチャップでデコしても。ケチャップも顔を描くのに便利です。

第2章

原因を知って
心と体の発達をサポート！

食の悩み
解消レシピ

１～３歳の時期に増えてくる「食の悩み」は、誰しも避けては通れないもの。そこでこの章では、代表的な５つの食の悩みを、よくあるケース別に解説。悩みを解消する食べさせ方や調理アイディア、おすすめレシピまでを紹介していきます。おうちのかたもお子さんも、みんなが楽しく食べるためのヒントが満載です。

【2章で紹介するレシピ】基本的に、すべて１歳から食べられるものです。１歳で食べにくいものについてはその都度切り方などの工夫を記載しています。食べる量は年齢や個人差で変わるため、P83の表を参考に加減してください。

知って
おこう

トラブルの背景には いろいろな原因があります

遊び食べ
小食・食欲がない・むら食べ
よく噛まない
食べ過ぎ
好き嫌い

気持ちや環境

子どもの好みやこだわり、苦手意識は、そのときどきで変化します。また、食べるときの環境も影響します。

食べにくさ

食べたい気持ちはあっても口に入れにくかったり、噛みにくかったりするために食べられないことも。

機能の未発達

体の大きさや運動量、食事量には個人差があり、適量はそれぞれ異なります。消化力もまだ未熟で、一度にたくさんは食べられません。

子どもの様子を見ながら原因と解決策を探りましょう

成長が著しい1～3歳頃は、日々いろいろなことができるようになるよろこびが大きい一方で、**食事のトラブルに悩まされることも多い時期。**

その背景には、体の機能から心理的なものまでさまざまな理由が考えられますが、**原因も解決法も、答えはひとつではありません。**それだけに、なかなか食べてくれず、不安に感じることもあるかもしれません。そんなときは、まずはお子さんに元気があるかをチェック。さらに、体重や身長の増え方がほぼ順調かを確認しましょう。それでも心配な場合には、専門機関に相談してください。

食事は、毎日何回も行うものだけに、トラブルがあると親の負担は思いのほかに大きいもの。小さい体に大きなエネルギーを持つ子どもとどう向き合うか悩んだり、ぶつかったりすることもあるかもしれません。

少しずつ試行錯誤しながら、解決の糸口を探っていきましょう。この章で紹介するレシピや解決アイディアなどを参考に、お子さんのお気に入りを見つけて、少しずつ食の幅を広げていってあげてください。

個性を見極め少しずつ試してみましょう

食べ方には個性や個人差が出るため、一概に「良い悪い」は判断できませんが、**ダメなものはダメとハッキリ教えることも必要**です。ただ、おうちのかたがいろいろと言い過ぎることで、食事が苦痛になってしまっては逆効果。**個性を見極めながら適切な対応を探りたいものです。**

例えば、何でもやりたがる子の場合は、なるべくやる気を尊重し、うまくできない部分はさりげなくフォローを。できたらほめ、できないときは「お皿を押さえるといいよ」など、どうすればよいかを繰り返し声かけして。ゆっくりタイプの場合は、世話をやき過ぎず、せかさないことが大切。大人が見本を見せながら、やさしく声をかけて待ちます。お友達と一緒に楽しく食べるなど、食に興味を持たせる働きかけをしてもいいでしょう。

サポートをするときの6つのポイント

ポイント1 トラブルの原因を探る

トラブルには必ず理由があるものです。原因を探る過程で子どもの個性が見えたり、親子の絆が深まることも…。一過性のものであることも多いので焦らず見守ることも大切ですが、心配な場合は保育園や保健所などの子育て支援機関や、周りの人に相談を。

ポイント2 おなかをすかせる

生活リズムをととのえ、体を十分動かせば、食欲もわいてきます。好きなものをだらだらとあげると、「おなかがすかない➡ごはんを食べない」の悪循環に。好きなものは食後のデザートにするなど、どんどん知恵がついてくる子どもとの駆け引きも勝負どころ。

ポイント3 食べやすいメニューで栄養を補う

苦手なものは刻んで好きな料理に混ぜる、栄養価が似た食品で代用するなど、栄養バランスが崩れない工夫を施します。食材の形や大きさは子どもの食べる力に合ったものにし、おやつメニューに野菜を入れるなど、一日の食事内容全体の底上げを。

ポイント4 楽しい雰囲気に

せっかく作ったのに食べてくれないと、つい怒りたくなりますが、無理に食べさせては逆効果。肩の力を抜いて、まずは大人が食を楽しむ姿を見せ、子どもを巻きこんでいきましょう。周りの友達が食べる姿に刺激されて、食べることもあります。

ポイント5 お手伝いさせる

食材が料理になって自分の口に入るまでの過程を知り、食を身近に感じる体験を積み重ねると、少しずつ食事の楽しさを実感できるようになります。苦手なものが食べられたこと、お手伝いができたことは子どもの自信にもつながります。

ポイント6 成長の過程と考える

トラブルがあるとイライラしたり、疲れたりすることもありますが、誰もが通る道。忍耐強く、時に厳しく、時に優しく、その子の将来のためにどうすべきかを考えながら、成長を見守りたいもの。そんな「大人の心の持ち方」が実は一番大事かもしれません。

食の悩み❶

小食・食欲がない・むら食い

どれも「食べない」という点では共通の悩み。おなかがすいていなかったり、もともと食に関心が薄かったりと原因はさまざまです。

まずは生活リズムを見直し、体調もチェックして

しっかり食べる前提としては、ごく基本的なことですが、**「おなかをすかせる」ことが大切。**できるだけ生活リズムをととのえましょう。さらに、おやつはもちろん、おっぱいや牛乳を与え過ぎると、空腹の感覚が分からないということもあるので摂取量には注意が必要です。

それでも食べない場合には、腹痛、下痢、飲み込むとのどが痛い、口内炎があるといった身体的な要因から食べない場合も考えられますから、**「体の具合が悪くないか」もチェック**してみてください。

むらはあって当然ですが、原因も探ってみましょう

子どもの食欲は大人のように一定していないもの。普段から食べないことが多いと心配になるおうちのかたが多いと思いますが、無理に食べさせようとしたり、せかしたりすると食事が楽しくなくなり、**食べる意欲がなくなってしまう原因に**なります。逆に、楽しい雰囲気で食欲がアップする場合もありますから、**神経質になり過ぎないように心がけましょう。**

このとき子どもが感じていること

- おなかがいっぱい(空腹が分からない)
- やる気を損ねている
- 食べることが楽しくない
- 体の不調がある

case 1 基本的に食が細い

ナゼ? おなかがすいていないのかも?

もともと体が小さめの場合があるうえ、消化力なども子どもそれぞれに異なるため、食べる量には個人差があります。元気に成長していればあまり心配ありませんが、あまりに食べない場合は、おなかがすいていないことも考えられます。

これで解決! 生活リズムを見直し、栄養価の高い食材を与えて

「睡眠」「食事とおやつ」「遊び」の時間を見直し、生活リズムをととのえます。さらに外でたくさん遊ぶと食事量もアップ。一度に食べられる量が少ないので、栄養価の高い食品(チーズ、かぼちゃなど)をあげるのもコツ。おやつでも不足する栄養を補います。

おやきなど一品で栄養がとれるものが◎。

case2 食べる意欲がない

ナゼ？ 食べることに自信がなく、負担に感じているのかも

食べたいという欲求が少ないことに加え、大人に「食べなさい」と強いられて、逆に食べることに自信がなくなっているのかも。また、食べ物を見たり触れたり、食に興味を持つきっかけになる体験が少ないことも考えられます。

これで解決！ 見た目の演出で、食への興味を引き出す

最初は少なめに盛りつけ、おかわりできるようにして。「食べてみたい！」という気持ちを引き出す魅力的な見た目と食べやすさに工夫しましょう。周りの人がおいしそうに食べる姿を見せることも大切です。

リング型のドーナツなど見た目にひと工夫を。

case3 食べるのが遅い

ナゼ？ 食べにくさが原因になっている可能性が

ゆっくりなペースも個性です。ただし、食べ物を口に入れ、噛んで飲み込むことが上手くできない場合には、食材が食べにくい大きさだったり、食具が使いにくい可能性も。苦手な食べ物が多くて食が進まない場合は、にらめっこが続くこともあります。

これで解決！ 好きなものと、よく噛むものを組み合わせて与える

なるべくせかさず、声をかけつつ見守ることが大切。栄養不足にならないよう、好きなものやスープのような食べやすいものと、そしゃくを促すものを組み合わせた献立にして、無理なく食べられるようにします。

飲み込めるポタージュスープは、食べやすく栄養価も高い。

case4 食べる量にむらがある

ナゼ？ 子どもの食事は量が一定しないもの

子どもは大人以上に、体調や気分により食べる量が一定しないもの。適量が分からず食べ過ぎたことで次の食事が入らなかったり、好きなものばかり多く食べているというケースもあります。また、甘いものをとり過ぎている可能性も。

これで解決！ 少なめに盛りつけ、食べきる満足感を経験させる

好きなものを先にあげないようにしたり、最初は少なめに盛り、食べられたらおかわりをさせるなど、むらなく食べられるように調整を。水分補給はジュースや牛乳ではなく水か麦茶にするなどして、食事とそうでない時間にメリハリをつけましょう。おっぱい・ミルクを続けている場合は、やめると食べるようになることが多いので、徐々に減らすよう見直してみましょう。

「小食・食欲がない」を解消するレシピ

少量でも効率よく栄養をとることが大切です。いろんな食材を入れて
一皿で栄養のバランスがとれるメニューを紹介します。

風味豊かで
パクパク食べられる

主菜 主食

大豆入りドライカレー

材料

●大豆（ゆでたもの）…10g ※ゆで方はP33の「乾燥豆のゆで方」を参照
●合いびき肉…20g ●玉ねぎ…20g ●にんじん…10g ●にんにく（あれば）…少々
●薄力粉…小さじ½ ●水…大さじ2 ●サラダ油…小さじ1 ●トマトケチャップ…小さじ1
●しょうゆ…小さじ¼ ●塩、カレー粉…各少々 ●ごはん…80g

作り方

1. 大豆、玉ねぎ、にんじんはみじん切りにする。
2. フライパンににんにくのみじん切りとサラダ油を入れて熱し、❶を炒める。しんなりとしてつやがでたら合いびき肉を入れ、色が変わったら薄力粉をふるい入れて混ぜる。
3. 水、ケチャップ、しょうゆ、カレー粉を入れて煮汁が少なくなるまで炒め、味を見て塩を加える。ごはんにかける。

解消ポイント

カレーに豆や野菜を混ぜて栄養価をアップ。スパイスやにんにく、しょうがなども香りづけ程度に入れることで食欲が増します。

チーズ入りで
まろやか

解消ポイント

カルシウム豊富なチーズやシラスを入れて一品で栄養がしっかりとれるメニューに。ソースや青のりの風味が食欲を高めます。

主菜　主食

カルシウムたっぷりお好み焼き

材料

●キャベツ…10g ●ニラ…5g
●薄力粉…20g ●ベーキングパウダー…小さじ⅛
●溶き卵…小さじ1
●長いも（すりおろしたもの）…小さじ1
●牛乳…大さじ1 ●プロセスチーズ…5g
●シラス…小さじ1
●塩…少々 ●サラダ油…小さじ½
●中濃ソース、トマトケチャップ…各小さじ½
●青のり…少々

作り方

1 キャベツはさっとゆでて冷まし、短いせん切りに、ニラはみじん切りにする。
2 ボウルに溶き卵、長いも、牛乳、塩を入れて混ぜ、薄力粉とベーキングパウダーをザルでふるいながら加え、混ぜる。1と、5㎜角に切ったチーズ、シラスを混ぜる。
3 サラダ油を熱したフライパンに2を入れて丸く伸ばす。ふたをして両面がこんがり色づくまで焼く。食べやすく切って皿に盛り、ソースとケチャップを混ぜて少量ぬり、青のりをふる。

いろいろな野菜で
アレンジできる

解消ポイント

うまみのあるラーメン風スープで、肉や野菜がおいしく食べられます。麺はやわらかくゆでて短く切りましょう。

主菜　主食

野菜たっぷりみそラーメン

材料

●ラーメン用中華麺…⅓玉（60g）
●豚薄切り肉…20g
●白菜…20g ●にんじん…10g ●もやし…5g
●コーン（缶）…小さじ1
●ごま油…小さじ½
●にんにく、しょうが（あれば）…各少々
●だし汁（カツオ、煮干しなど）…200㎖
●みそ…小さじ1 ●しょうゆ…小さじ½

作り方

1 豚薄切り肉、にんじん、白菜は短いせん切りにする。もやしは1㎝長さに切り、コーンは食べにくい場合は刻む。
2 鍋にごま油とみじん切りのにんにく、しょうがを入れて火にかけ、豚肉、にんじんを炒める。だし汁を入れ、沸騰したら白菜、もやしを入れて煮る。野菜がやわらかくなったらみそ、しょうゆを加え混ぜる。
3 麺を5㎝長さに切り、沸騰した湯に入れてやわらかめにゆでる。水気をきって器に盛り、2をかけ、コーンをのせる。

カリッとした
食感がやみつきに

主菜 ポテトのチーズ焼き

材料

●じゃがいも…½個（60g）●薄力粉…小さじ２
●水…小さじ２程度 ●塩…少々 ●サラダ油…小さじ½
●ピザ用チーズ…小さじ２ ●ウインナーソーセージ…½本
●ブロッコリー…10g

作り方

1. じゃがいもは３㎜厚さの薄いいちょう切りにしてかためにゆで、ブロッコリーも小房に分けてゆでる。ウインナーは輪切りにする。
2. ボウルに薄力粉、水、塩を混ぜ、水気をきったじゃがいもを加えて和える。
3. サラダ油を熱したフライパンに❷を入れ、直径10㎝に丸く広げる（**a**）。底面に焼き色がついたら裏返してチーズ、刻んだブロッコリー、ウインナーをのせ、ふたをしてチーズが溶けるまで焼く。食べやすい大きさに切り分けてもよい。

a

解消ポイント

ピザ風のおいしそうな見た目で食べたい気持ちを引き出します。いもの代わりにごはんで作ってもいいでしょう。

素材をいかした
やさしい甘み

解消ポイント

子どもに人気のドーナツにかぼちゃを混ぜて栄養をプラス。おいしさはもちろん、体にもやさしい手作りの味です。

おやつ かぼちゃドーナツ

材料（3個分）

●かぼちゃ…30g
A［■豆乳…30g ■砂糖…10g ■サラダ油…5g
■塩…少々］
B［■薄力粉…50g ■片栗粉…5g
■ベーキングパウダー…小さじ½］
●揚げ油…適量

作り方

1 かぼちゃはゆでて皮をむき、ラップに包んで手でもみつぶす。
2 **1**をボウルに入れ、**A**を入れてよく混ぜる。**B**をザルに入れてふるいながら加え混ぜる。ひとつにまとめ、3等分にして棒状に伸ばし、端をつなげてリング状にする。※手に薄く粉をつけるとくっつきにくく、作業がしやすい。
3 小さめのフライパンに高さ2～3cmの油を入れて熱し、箸を入れると泡が出るくらい（中温）で**2**を入れる。上下を返しながら、きつね色になるまで揚げる。

栄養が
たっぷりとれる

汁物 にんじんと豆のポタージュ

材料（6食分程度）

●にんじん…100g ●ひよこ豆（ゆでたもの）…80g
※ゆで方はP33の「乾燥豆のゆで方」を参照
●玉ねぎ…50g ●エリンギ…20g
●サラダ油…小さじ1
●だし汁（昆布）…400mℓ
※湯にだし昆布2cm角程度を浸して冷ましたもの
●豆乳…100mℓ ●塩…小さじ½

作り方

1 にんじん、玉ねぎ、エリンギは薄切りにし、サラダ油を熱した鍋に入れ、しんなりとするまで炒める。ひよこ豆とだし汁を加え、ふたをしてやわらかくなるまで煮る。
2 豆乳、塩を加えてミキサーで撹拌《かくはん》し、なめらかにする。

解消ポイント

なめらかで甘みがあるので、食が細い子でも飲みやすいポタージュ。他の野菜を混ぜたり、ひよこ豆の代わりに白いんげん豆を使用したりアレンジできます。

食の悩み❷

食べ過ぎ

適量は子どもによって異なりますが、
高カロリーのもの、味の濃いものの食べ過ぎ
には注意。食事量は大人の½くらいが目安です
が、それ以上の場合も、栄養バランスが
とれていればさほど心配ありません。

そのときの感情で食欲が左右されることも

自己主張が強くなり、何でも自分でやりたがる時期。その延長で、時々の感情に食欲が左右されることも。また、満腹中枢が未発達で満腹の感覚が鈍いという点にも理解が必要です。「いっぱい食べたね」など満腹感を意識させてあげて。過度な心配は不要ですが、食べ過ぎの習慣が身につかないよう、家族の食生活を見直したり、適度な運動をするなどの対応も考えてみましょう。

case1 「ごちそうさま」をしようとすると泣く

ナゼ？ 満腹の感覚が、まだ分かりにくい

脳の満腹中枢が未発達なために満腹の感覚が分かりにくいことで、何度もおかわりしたがったり、親の分まで食べたがったりなど、いくらでも食べてしまうことがあります。さらに、やわらかく食べやすいメニューばかりだと、どんどん食べてしまいます。

これで解決！ 量より内容を重視して、小分けにして与えて

食べる量よりも食事の内容が大事。肉などのタンパク質や、揚げ物などの脂質、味の濃いものや甘いものは与え過ぎず、穀物や野菜を増やして調整しましょう。一品メニューをどーんと出すのではなく、汁物やおかずなどの単品を、食べる量を決めて盛りつけます。

噛みごたえのある根菜で満腹感を促す。

case2 だらだら食べる

ナゼ？ 食事量が足りないか、空腹と満腹の差がない

食べるのが好きなのはいいことなのですが、常に食べ物を要求してくる場合は、1回の食事量が足りず、すぐおなかがすいてしまうのかもしれません。または、少しずつ食べているため空腹と満腹のメリハリがなくなっているケースも。

これで解決！ 食事の時間・量を決め、メリハリをつける

生活リズムを見直し、食事の時間と量を決め、それ以外の時間にはなるべくあげないようにコントロールしましょう。一定量を食べ終えたら、デザートタイムを設けるのも手です。少量の果物などをあげて食事の終わりをイメージさせましょう。

「ごちそうさまをする⬇麦茶を飲み口をきれいにする⬇歯を磨く」など、食事を終えるときの動作を決めて、習慣づけていくといいでしょう。

「食べ過ぎ」を解消するレシピ

満腹感を感じるよう、根菜など噛みごたえのある食材を入れたり、ローカロリーな食材を使ったレシピを紹介します。

噛むほどに
うまみがあふれる

主食 3種の乾物の混ぜごはん

材料

●ごはん…80g ●切り干し大根（乾燥）…小さじ2
●切り昆布、桜エビ（乾燥）…各小さじ1
●しょうゆ、砂糖…各小さじ½ ●湯…100mℓ

作り方

1 切り干し大根、切り昆布、桜エビを分量の湯に浸し、やわらかくなったら取り出して刻む。鍋に戻し汁と一緒に入れ、しょうゆ、砂糖を加えて煮汁がなくなるまで煮て、混ぜごはんの素を作る（a）。
2 1をごはんに混ぜる。

a

解消ポイント

ゆっくり噛んで食べ、満腹感を得るためには、つるっと食べられる麺よりもごはんがおすすめ。さらに、低カロリーで噛みごたえのある具を入れるとかさ増しになります。

くるくる巻いて
見た目も楽しく

主菜 野菜ときのこの肉巻きソテー

材料

●牛もも薄切り肉…20g ●塩…少々
●にんじん…10g ●さやいんげん…1本 ●えのきだけ…4～5本
●片栗粉…少々
A［■水…小さじ2 ■しょうゆ、砂糖…各小さじ¼］
●サラダ油…小さじ½

作り方

1. にんじんは5㎜角×8㎝長さに切り、さやいんげんは両端を切り落としてゆでる。えのきだけはほぐす。
2. ラップの上に牛もも薄切り肉を広げ、塩をふり、片栗粉を茶こしで全体にふりかける。**1**を芯にして巻く **(a)**。
3. フライパンにサラダ油を熱し、**2**の巻き終わりを下にして焼く。転がしながら全面を焼き、**A**を混ぜて加え、全体にからめて火を止める。食べやすい大きさに切る。

a

解消ポイント

野菜やきのこを芯にして巻くことで、噛みごたえがアップ。野菜がおいしく食べられるのはもちろん、かさ増しにもなり、肉の食べ過ぎ予防になります。

いろいろな食感が
楽しめる

汁物 根菜ときのこのけんちん汁

材料

●木綿豆腐…30g
●にんじん、大根…各20g
●ごぼう…10g
●しめじ、長ねぎ…各5g
●だし汁…200㎖
●しょうゆ…小さじ½

作り方

1. にんじん、大根は2㎝大のいちょう切り、ごぼう、長ねぎは半月切りにし、しめじは1～2㎝に刻む。
2. 鍋にだし汁、にんじん、大根、ごぼう、しめじを入れて煮る。野菜がやわらかくなったら2㎝角に切った木綿豆腐、長ねぎ、しょうゆを加え、軽く煮て火を止める。

解消ポイント

低カロリーな野菜やきのこ、豆腐をたっぷり入れて。噛みごたえが満腹感を促し、温かい汁がおなかを満たしてくれます。調味料のとり過ぎを避けるため、だしをきかせて薄味に仕上げるのもコツ。

あっさりしていて
食べやすい

副菜 春雨サラダ

材料

●春雨…10g
●きゅうり、もやし、赤パプリカ…各10g
●ハム（スライス）…¼枚
A [■ごま油、酢、砂糖、しょうゆ…各小さじ¼
■塩…少々]

作り方

1. 春雨はハサミで5㎝長さに切る。きゅうり、赤パプリカ、ハムは2㎝長さのせん切りに、もやしも2㎝長さに切る。
2. 沸騰した湯に春雨、赤パプリカ、もやしを入れてゆでる。水気をきって冷まし、きゅうり、ハム、**A**を混ぜ合わせる。

解消ポイント

春雨、もやしなどの低カロリー食材を油の少ない中華風ドレッシングで和えたさっぱりサラダ。カレーなどの一品料理にも、噛みごたえのある副菜をプラスすることで、食べ過ぎ防止に。

食の悩み❸

好き嫌い

子どもが意思表示するようになる1～3歳は、好き嫌いが出てくる時期。ただ、食べない理由は嫌いだからとは限りません。「食べない」と決めつけず、いろいろ工夫をしながら気長に食べるようになるのを待ちましょう。

自我の発達の表れなので、嫌いと決めつけないで

この時期の子どもの好き嫌いは、**特定の食べ物が「本当に好き」「本当に嫌いで食べられない」という意味とは限りません。**自我が発達してこだわりが出てくるため、食べなかったり、逆に同じものばかり食べたがったりすることが多くなるのです。

さらに、その時々の気分で好みが変わったり、食卓の雰囲気、見た目の面白さでも好き嫌いは変わってきます。

いずれは解決するものと捉え対策を考えましょう

好き嫌いは、**あきらめなければいずれ解決できること**ですから、対策を立ててサポートしてあげましょう。

好き嫌いの度が過ぎていないかどうか、子どもの様子を見ることも必要ですが、食事がストレスにならないよう、無理強いしないことが大切です。また、歯の生え具合によっては、そしゃくしきれなくて食べられない場合も考えられます。虫歯もでき始める子どももいる時期なので、「実は歯が痛くて食べられない」ということも…。**歯の状態も合わせてチェック**するといいでしょう。

このとき子どもが感じていること

- 食べきれない（かたい・大きい）
- こだわりがある
- 体の不調がある（歯が痛いなど）
- 味や食感になじみがない（初めての食材）

case 1 色や形を見ただけで食べない

ナゼ？

初めての食材には、慣れるのに時間がかかることも

初めての食材の場合、慣れない色や形に慎重になり、食べられるまでに時間がかかることも。大人が「嫌いなもの」と決めつけると、子どももそう思い込む可能性が。緑色＝苦いと認識していたり、白いものしか食べないなど色へのこだわりがあることも。

これで解決！

無理強いせず、ダメなら混ぜ込んで見えない状態に

まずは大人がおいしそうに食べてみせ、気長に食卓に出し続けます。見た目などの工夫で、食べられた！という体験をさせましょう。それでもダメなら、似た栄養素を含む食材で補ったり、混ぜ込んで与えるなどして栄養不足を防いで。

型抜き野菜で楽しい見た目に。残りは見えないように刻んで混ぜて。

case2 べーっと口から出す（味・食感の問題）

ナゼ？ 慣れない味や食感に違和感を感じている

食べようとして口に入れた後で出す場合は、「嫌い」というよりも、慣れない味や香りに驚いたり、食感（ざらつきなど）に違和感があって食べられない可能性が。繊維質の多い葉野菜や肉などは、飲み込めずに出してしまうこともあります。

これで解決！ 好きな味つけや調理法で与えてみる

子どもの好きな味つけや調理法を試しながら、気長に食べさせ続けます。特に、酸味や苦味は食べるうちに好きになっていく味なので、油を加えるなどの工夫で味を和らげ、少しずつ取り入れていきましょう。

ほうれんそうなど食べにくい葉野菜は刻んで混ぜ込むとよい。

case3 食べにくそうにしている（かたさ・大きさの問題）

ナゼ？ 食材の形状や、食べる環境に問題があるのかも

食材が嫌いなのではなく、大き過ぎる、かた過ぎるなど、食べにくさが原因の可能性があります。また、食器やスプーンなどが使いにくい、イスとテーブルが合っていないなど環境面の食べにくさも原因となります。

これで解決！ 苦手なものほど、調理の工夫で食べやすく

苦手な食材は特に、小さめに切ったり、やわらかめに調理したりするなど、無理なく食べられるようにします。平行して、好きな食材を使って、大きさやかたさに慣れる練習もしていきましょう。

とろみをつけるなど、食べやすくするひと工夫を。

case4 同じものばかり食べたがる

ナゼ？ 食べる・食べないのこだわりも成長のひとつ

子どもの好みは、環境や気分でころころと変わるもの。嫌なものは食べず、好きなものは「もっと！」と要求するようになるのは、自我が発達してきた証拠です。こだわりや意思表示も成長のひとつだと考えましょう。

これで解決！ 食への関心を広げることが解決につながります

苦手なものを食べてから好きなものをあげるという方法もありますが、ある程度一人で食べられるようになったら、一度に全部の料理を出しても順番に食べられるよう、繰り返し声をかけていきます。一緒に買い物に行って食材を見たり、名前を覚えたりするなど、食べ物と仲良くなる働きかけをしたり、簡単なお手伝いをするなどして、食への関心を広げることも大切です。

「好き嫌い」を解消するレシピ

「見た目をかわいくする」「食材を刻んで混ぜ込む」など、食べやすくする工夫を。
食への興味を引き出すために、お手伝いしてもらうのもおすすめです。

野菜をかわいくアレンジ

主食 型抜き野菜の豆乳ドリア

材料

A［■豆乳…100㎖ ■米粉…大さじ½ ■塩…少々］
●ごはん…80g ●にんじん…20g ●ハム（スライス）…1枚
●グリーンアスパラガス（穂先）…¼本 ●コーン（缶）…小さじ1
●粉チーズ、パン粉…各小さじ1

作り方

1 にんじんは3㎜厚さの薄切りにしてゆで、ハムもさっと湯通しする。好みの型で抜き、端切れは刻んでごはんに混ぜる。

2 小鍋にAを混ぜ入れ、とろみがつくまでヘラで混ぜながら煮る。

3 サラダ油（分量外）を薄くしいた耐熱容器に1のごはんをしき詰め、2のソースを広げる。粉チーズとパン粉をふり、刻んだグリーンアスパラガス、コーン、1のにんじんとハムを飾る。オーブントースターで焼き色がつくまで焼く。

解消ポイント

型で抜いたものはトッピングに、残りは刻んでごはんに混ぜれば、見せて食べさせる＆隠して食べさせるの両方を試すことができます。ホワイトソースのまろやかさが野菜の味を包んで食べやすくなります。

ほどよい酸味に
食欲がわく

主菜 ほうれんそうの肉団子甘酢あん

材料

●豚ひき肉…25g ●ほうれんそう…10g
●パン粉…小さじ2 ●牛乳…小さじ1
●塩…少々 ●サラダ油…小さじ½
A［■しょうゆ■砂糖…各小さじ1■酢…小さじ¼
■片栗粉…小さじ½■水…大さじ3］

作り方

1. ほうれんそうは沸騰した湯でやわらかくゆで、水にさらして絞り、みじん切りにする。
2. ポリ袋にパン粉と牛乳、塩を混ぜ、豚ひき肉、1のほうれんそうの水気を絞って加え、よく混ぜる。
3. フライパンにサラダ油を熱し、2を5等分して丸め、並べる。転がしながら焼き、混ぜ合わせたAを回し入れ、とろみがつくまで混ぜながら煮る。

解消ポイント

子どもが苦手な青菜は刻んで混ぜ込み、甘辛いあんかけにすれば食べやすくなります。ブロッコリーなど、他の野菜でも代用可能です。

あんのとろみで
つるっと食べられる

主食 主菜 野菜入り肉みそうどん

材料

●ゆでうどん…½玉（100g）
●豚ひき肉…20g
●なす…10g ●ピーマン…5g ●長ねぎ…5g
●にんにく、しょうが（あれば）…各少々
●ごま油…小さじ½
●水…100㎖
A［■みそ…小さじ1■しょうゆ、砂糖…各小さじ½］
●水溶き片栗粉（片栗粉小さじ½ ＋ 水小さじ1）

作り方

1. なす、ピーマン、長ねぎはみじん切りにする。
2. フライパンにごま油とにんにく、しょうがのみじん切りを入れて熱し、ひき肉を炒める。色が変わったら1を加え、水を入れて煮る。Aを混ぜ、水溶き片栗粉でとろみをつける。
3. ゆでうどんは食べやすい長さに切り、やわらかくゆでる。水にさらしてザルにあげ、器に盛って2をかける。

解消ポイント

苦味がある野菜は細かく刻み、油やみそを加えると食べやすくなります。豆腐を入れたり、ごはんにのせたりするのもおすすめです。

サクサクの食感が
楽しい！

主食

枝豆と野菜の かき揚げ丼

材料（4食分）

●枝豆（ゆでたもの）…12粒 ※冷凍でも可 ●さつまいも…20g
●にんじん、玉ねぎ…各30g ●シラス…小さじ1 ●薄力粉…50g
●ベーキングパウダー…小さじ½ ●水…大さじ4 ●塩…少々
●揚げ油…適量 ●ごはん…80g
A［■だし汁…大さじ2 ■しょうゆ…小さじ2 ■砂糖…小さじ1］
●焼きのり…適量

作り方

1 枝豆は薄皮をむいて粗く刻む。さつまいもは8㎜角に切り、水にさらしてザルにあげる。にんじん、玉ねぎは短いせん切りにする。
2 薄力粉とベーキングパウダーをボウルにザルでふるい入れ、水と塩を加えて混ぜ、かための天ぷら衣を作る。1とシラスも加え混ぜる。
3 フライパンに高さ1～2㎝の油を入れて熱し、箸先を入れると泡が多く出るくらい（中温）になったら、生地をスプーン一杯ずつそっと流し入れる（a）。底がかたまったら裏返し、全体がカリッとするまで揚げる。
4 Aを鍋に合わせてひと煮立ちさせる。器にごはんを盛ってかき揚げ（食べやすく切ってもよい）をのせ、タレをかけ、ちぎった焼きのりを散らす。

解消ポイント

かき揚げは、豆や野菜、カルシウム豊富なシラスなどをまとめて食べられるメニュー。タレをかけて丼にすれば、ごはんも進みます。

ソースをぬって
トースターで焼くだけ

主菜 鮭のみそマヨ焼き

材料

- ●生鮭…30g ※その他好みの魚でも可
- ●みそ…小さじ¼
- ●マヨネーズ…小さじ1
- ●青のり…少々

作り方

1. 生鮭は骨や皮を取り、ひと口大に切る。アルミホイルに並べ、みそとマヨネーズを混ぜたものをぬり、青のりをふる。
2. オーブントースター（または魚焼きグリル）で約10分焼く。

解消ポイント

みそやマヨネーズの塩気と油分が魚の臭みを和らげます。パサつかずしっとりと仕上がるので苦手な子でも食べやすく。キッチンバサミなどで小さく切ってから焼くと早く火が通り、食べやすくなります。

鮮やかな色で
食べる意欲を刺激

おやつ カラフル野菜ゼリー（トマト、かぼちゃ、きゅうり）

材料（150mlのグラス3個分）

A［■りんごジュース（果汁100%）…150ml
■粉寒天…小さじ½ ■砂糖…小さじ1
■塩…ひとつまみ］

●トマト、かぼちゃ、きゅうりいずれか1種類…50g

作り方

1. 小鍋に**A**を入れて混ぜ、沸騰するまで混ぜながら煮溶かす。
2. 皮をむき種を取って刻んだトマト、ゆでて皮をむき、つぶしたかぼちゃ、すりおろしたきゅうりのいずれか1種類を混ぜる。水でぬらしたミニグラスに注ぎ、冷蔵庫で冷やしかためる。
※**A**を3倍量にし、3等分して野菜3種をそれぞれ混ぜてもよい。

解消ポイント

りんごジュースベースの寒天ゼリー液は甘酸っぱく、野菜の臭みを和らげて食べやすくしてくれます。ビタミン補給もできるので副菜としてもおすすめです。

食の悩み❹

よく噛まない

しっかり噛むことは、子どもの成長にとって大切なこと。そしゃくを促すような調理の工夫で、しっかり噛んで食べる習慣を身につけましょう。ただし、かた過ぎたり大き過ぎたりすると食べにくさの原因になりますから、様子を見て加減して。

おうちのかたが見本をみせ、噛む習慣を身につけて

好き嫌いなどに比べると、比較的優先順位が低くなりがちな悩みですが、乳臼歯が生えそろう1〜3歳の時期こそ、「噛む」習慣を身につけることが大切。歯やあごの発育を促し、肥満予防のためにも重要です。ただ、まだ噛むことや飲み込むことは大人のように上手にできなくて当然。「カミカミしよう」など大人が声かけしながら見本も見せて、促してあげることが大切です。

case1 口の中に溜め込んで、ベーっと出す

ナゼ？ 食材の噛みにくさも原因に

少しは噛んだものの、飲み込めずにいつまでも口の中に残っていたり、吐き出したりするのは、食材のサイズが大きかったり、繊維がかたいなど食材の形状が子どもの歯の生え方や噛む力に合っていないことが考えられます。また、ひと口量が多過ぎる、味や食感が苦手というケースも。

これで解決！ 切り方や加熱方法の工夫で、食べやすく調理する

肉や野菜は、繊維を断つように切るとやわらかくなります。少し長めに加熱したり、噛みやすい大きさに切るなどして調整を。さらに、「カミカミ、ごっくんね」と声をかけ、大人がお手本を見せてあげて。

肉はそぎ切りにすると繊維が断たれてやわらかく。

case2 噛まずに丸のみする

ナゼ？ 噛む力が育っていないか、料理がやわらかいのかも

よく噛まなくても食べられる料理が多いため噛む力が育っていないこと、奥歯が生えそろっていないためにまだ噛めないという理由も考えられます。噛まずにどんどん食べる早食いの場合は食べ過ぎる可能性も。

これで解決！ 食材を丸のみできないよう大きめ・かために調理

食材を丸のみできない大きさに切ったり、ややかために調理してそしゃくを促します。また、誤飲しないよう見守りながら、昆布やするめ、干しいもなど、噛むほどに味が出るものをおやつにあげて練習を。声をかけて噛むことを意識させましょう。

野菜スティックもそしゃくを促すメニュー。

「よく噛まない」を解消するレシピ

食べやすい大きさやかたさには個人差があります。レシピを参考にいろいろな形を試してみて、お子さんに合った状態に調節しましょう。

ごま油の香りが食欲をそそる

主菜 鶏むね肉と野菜の照り焼き

材料

●鶏むね肉…20g ●塩…少々 ●片栗粉…適量
●かぼちゃ、玉ねぎ…各20g ●ごま油…小さじ½
A［■水…小さじ2 ■しょうゆ、みりん…各小さじ½］

作り方

1. 鶏むね肉はひと口大のそぎ切りにし、塩と片栗粉をまぶす。かぼちゃと玉ねぎは1㎝厚さのひと口大にし、耐熱容器に入れ、ラップをして電子レンジで約1分加熱する。
2. フライパンにごま油を熱し、1の鶏むね肉を並べる。両面に焼き色がついたらかぼちゃと玉ねぎを加える。全体に火が通ったらAを混ぜて回し入れ、つやが出たら火を止める。

解消ポイント

かた過ぎても、やわらか過ぎても噛まずに飲み込む原因に。パサつきやすい鶏むね肉はそぎ切りにし、粉をまぶすことでしっとりとして食べやすくなります。野菜は下ゆでし、蒸し焼きにすれば、無理なく噛んで食べることができます。

タレをつけて
ディップ風に

副菜

ゆで野菜スティック ごまみそダレ添え

材料(2食分程度)

●にんじん、ごぼう、きゅうりなど…計50g 程度
A [■みそ…小さじ1 ■りんごジュ―ス…小さじ4
■白すりごま…小さじ½■片栗粉…小さじ¼]

作り方

1. にんじん、ごぼうは棒状に切り、ゆでる。きゅうりは棒状に切りそのままか、さっと湯通しする。
2. **A**を小さい耐熱容器に入れて混ぜ、電子レンジで約30秒、とろみがつくまで加熱する。**1**に添える。

解消ポイント

かたい野菜はやわらかくゆでて、丸のみできない大きさにカットしてそしゃくを促します。薄味のタレを添えたり、塩をふるなどすれば、よりおいしく食べられます。

スナック感覚で
食べられる

おやつ 主食

チーズラスク

材料(2食分程度)

●食パン(８枚切り)…１枚
●バター…小さじ½
A [■粉チーズ…小さじ1
※粉チーズの代わりにきな粉でもよい
■砂糖…小さじ¼■青のり…少々]

作り方

1. パンにバターをぬり、合わせた**A**をまぶし、切り分ける。※棒状や、三角形など形を変えると楽しい。
2. 160℃のオーブンまたはオーブントースター(弱)で約20分、カリッとするまで焼く。

解消ポイント

パンをカリッとするまで焼いたラスクは食感がよく、口の中で溶けるので噛む練習におすすめ。握りやすく、口に入れやすい大きさにしましょう。

カレー風味で
食欲アップ

副菜 れんこんとにんじんのカレーきんぴら

材料

●れんこん、にんじん…各15g ●しらたき…10g
●さやいんげん…5g ●ごま油…小さじ¼
●水…100㎖ ●カツオ節…ひとつまみ
●しょうゆ…小さじ½ ●カレー粉…少々

作り方

1. れんこんとにんじんは3㎜厚さ、2㎝大の薄いいちょう切りにする。しらたきは2㎝長さに切り、さやいんげんは斜めに薄く切る。
2. 小鍋にごま油をしいて熱し、1のれんこん、にんじんを炒める。水を入れてふたをし、弱火で食べやすいかたさになるまで煮る。※水が少なくなったら足す。
3. しらたき、さやいんげん、カツオ節、しょうゆ、カレー粉を加え、煮汁がなくなるまで煮る。

解消ポイント

根菜のシャキシャキした食感で噛むことを促します。煮る時間でやわらかさが変わるので、噛む力に合わせて加減しましょう。食べにくければできあがりを刻んでもOK。

しょうゆの焼き目が
香ばしい

副菜 焼きとうもろこし

材料

●とうもろこし…¼本
●しょうゆ…小さじ½

作り方

1. とうもろこしは皮をむき、半分に折って沸騰した湯でゆでる。
2. 1を厚さ1～2㎝の輪切りまたは半月切りにし、まわりにしょうゆを薄くぬって、熱したフライパンで転がしながら焼く。

解消ポイント

とうもろこしを薄く切って手で持てるようにすれば、前歯でかじって食べる練習になります。しょうゆの香ばしい香りも食欲をそそります。食べ方が分からないときは手伝って。

食の悩み❺

遊び食べ

遊び食べで汚されるとおうちのかたは嫌がってしまいがち。でも、遊んでいるように見えて、食べる練習しているという場合も。
また、1～3歳の子どもが食事に集中できるのは、せいぜい10～15分。集中できる環境を作ることも大切です。

興味が広がる今の時期特有のトラブルです

自分で歩けるようになると、行動範囲が広がると同時に、興味の範囲も広がります。この時期の子どもは好奇心旺盛で、次々と興味が移り、集中力も続かないもの。そのため、食べ物や食器で遊んでしまったり、イスから離れてしまったりするのです。自分一人で上手に食べられるようになると次第に落ちついてくるので、一過性のものと捉えて対応しましょう。

case1 食べ物をぐちゃぐちゃにする

ナゼ？ 感触を確かめていたり、遊んでいたり原因はいろいろ

手でぐちゃぐちゃにする、スプーンやフォークでつぶす、汁をごはんに混ぜるなど、いろいろな遊び方のパターンがありますが、どの場合も原因はさまざま。興味を持って確かめている、食べようとして上手くできない、食べる気がないなど、原因を見極めるのは難しいのですが、食べることに集中できているか、周りの環境を見直してみて。

これで解決！ 食べやすいもので練習する

こぼされると困るごはんや汁物は離れたところに置き、手で触りやすい料理を少量皿にのせ、手づかみ食べの練習をしましょう。楽しく食べさせつつも、ある程度で「遊んじゃだめよ」と伝え、手を止めることも大切です。汚れたらおしぼりで手をふき、おかずをフォークに刺して持たせるなど、きれいに食べる心地よさを体験させましょう。

case2 じっと座っていられない

ナゼ？ 食事に集中できないか、食事と遊びの区別がつかない

好奇心旺盛な子どもはあらゆることに興味があり、なかなか食べることに集中できません。おもちゃがそばにあったりテレビがついていては気が散ります。遊びと食事の区別がついていないこともあります。

これで解決！ 気持ちを切り替える工夫を

歩き回る場合は、立ち歩けないような座り方に。歩いたら迎えに行き、毅然とした態度で声をかけることを繰り返します。おもちゃなど歩く目的を隠すか、逆に食卓に持ってきて「○○も見てるよ」など利用する手も。「おもちゃを片づける⬇手を洗う⬇席に座る」など食事前の動作を習慣づけ、気持ちを切り替えて。料理はパクっと簡単に食べられ、栄養バランスのよいものがおすすめ。ただ、3歳代になると減ってくるものなので大らかに見守ることも必要です。

「遊び食べ」を解消するお弁当レシピ

ワンプレートやお弁当などでいつもと雰囲気を変えるといいでしょう。
食べるのに時間がかからないメニューがおすすめです。

解消ポイント

集中力がまだ短いので、食材をひとまとめにして短時間でパクッと食べられるメニューに。

一口で食べられるメニューを詰めて

梅シラスにんじんおにぎり

ミニトマト

ちくわのきゅうり詰め

ささみのごま衣揚げ＆フライドポテト

主食 梅シラスにんじんおにぎり

材料

●にんじん…5g ●梅干し、シラス…各小さじ½
●ごはん…80g ●焼きのり…適量

作り方

1 にんじんは薄く切ってゆで、取り出す直前にシラスを加える。ザルにあげ、水気をきる。にんじんはみじん切りに、梅干しは種を取って刻む。

2 ごはんに1を混ぜ、3等分してラップで俵型に握る。細く切ったのりを巻きつける。

主菜 ささみのごま衣揚げ＆フライドポテト

材料（2～3食分）

●鶏ささみ…1本（60g）
A［■黒すりごま…小さじ½ ■水…大さじ1
■薄力粉…大さじ1と½ ■塩…少々］
●じゃがいも…½個 ●揚げ油…適量

作り方

1 鶏ささみは筋を取りひと口大のそぎ切りにする。

2 混ぜ合わせたAを1につける。

3 フライパンに高さ1～2㎝のサラダ油を熱し、箸を入れて泡が出るくらい（中温）で2を入れて返しながら中心に火が通るようにじっくり揚げる。

4 じゃがいもは短い棒状に切って水にさらし、ペーパータオルなどで水気を取って揚げる。

副菜 ちくわのきゅうり詰め、ミニトマト

材料（2食分）

●竹ちくわ…1本 ●きゅうり…1/16本 ●ミニトマト…4個

作り方

1 きゅうりは半分に切ってから、8等分の細切りにし、竹ちくわに詰める。

2 食べやすい厚さに切る。ミニトマトは半分に切って添える。

コラム

お手伝いごはん

どんな食材がどのように調理されるのかを、手を動かしながら体験するのがお手伝い。食への関心を高めるきっかけになり、「食べたい気持ち」が自然と引き出されます。さらに、「食べることが楽しくて好きなこと」になれば、自然と食べ方も上手に。お手伝いをしたら、よく食べるようになったということも多くあります。日々の暮らしの中でできることから、無理なく経験させてあげましょう。1〜3歳でも楽しめることはたくさんあります。

年代ごとの発達に合わせてお手伝いをさせてみましょう

1歳代

五感を刺激して、食べることへの興味を引き出す

食べることに興味がわくよう、五感（音やにおいなど）を刺激する働きかけをします。食材に触れることはもちろん、食卓で料理の最後の仕上げ（盛りつけ）をするなど、食材の変化を見せるのも効果的。食べ物の色や形にも関心を向け、「おいしそう！」「いい音だね」など会話をしながら楽しく食事をします。

2歳代

やりたい気持ちがふくらんでお手伝いデビューにぴったり

自分でやりたい気持ちがふくらみ、理解や手の動きも発達するので、お手伝いデビューにぴったりの時期。ただし、まだ集中力は続かないので、「ちぎる」「皮をむく」などピンポイントで参加させてあげて。いろいろな食べ物に触れ、食べたい気持ちや味覚を育てましょう。

3歳代

一緒に作って食べることを楽しみましょう

簡単な調理のお手伝いができる時期。大人と一緒なら、材料を準備して切り、加熱し、盛りつけるといった調理の一連の動作ができるようになります。調理を経験すると、またやりたい！と自信や希望を持つようになります。身近な人と一緒に作って食べることを楽しみましょう。

食への興味がぐんぐん高まる！お手伝いアイディア

1歳代

こんなことをやってみよう

手で触れる

●野菜や果物を見て、触って、名前を教える

手を動かす

●（大人と一緒に）キャベツなどを「ちぎる」

●バナナなどの「皮をむく」

など手を使うことを遊び感覚で

2歳代

こんなことをやってみよう

手で混ぜる

●お米をとぐ　●野菜を洗う

丸める

●パンやお団子などの生地を丸める

手でこねる

●白玉団子やクッキーなど粉を使った生地をこねる

道具で混ぜる

●泡立て器で、ホットケーキの生地を混ぜる

●スプーンで野菜とドレッシングを和える

栽培した野菜を収穫して食べる

●ベランダ菜園のミニトマトなどをとって食べる

3歳代

こんなことをやってみよう

包丁で切る

●子ども用包丁を使って、簡単なものを切る

子ども用包丁（初心者用の、小さくて刃にやや厚みがあり、切れ過ぎないものがおすすめ）を用意し、果物など切りやすいものから始めます。押さえる手は指を丸め（猫の手）、刃を触らないように注意をしながらゆっくり進めます。

握る

●ラップでごはんを包んで丸く握り、おにぎりを作る

飾りつける

●ピラフやカップケーキなどの上に絵を描くようにトッピングする（野菜を型で抜くのも楽しい）

おすすめのお手伝いレシピ

※色文字部分をお手伝いしてもらいましょう。

1歳頃〜

ちぎりキャベツの塩昆布和え

材料（2〜3食分）

●キャベツ…50g（2枚程度）

●塩昆布…小さじ1 ※化学調味料不使用のもの

作り方

キャベツは**手でひと口大にちぎる**。ポリ袋に入れ、塩昆布を入れて口をしばり、**上下にふる**。

※1歳代ならキャベツはゆで、塩昆布は短く切って食べやすくする。

2歳頃〜

にんじん入りぺたんこクッキー

材料（約30個分）

A［■薄力粉…80g ■片栗粉…20g ■ベーキングパウダー小さじ½］

B［■にんじん（すりおろし）…15g ■豆乳…20g ■サラダ油…30g ■砂糖…20g ■塩…ひとつまみ■レモン汁…小さじ½］

作り方

1. Bをボウルに入れて**泡立て器でよく混ぜる**。タッパーやポリ袋に入れて封をしたAを**ふり混ぜて**から加え、**ゴムベラで混ぜる**。
2. 小さじスプーン1杯分をすくい、**手で丸める**。オーブンシートをしいた天板に並べ、**手のひらで軽く押して**厚さ5㎜にする。180℃に予熱したオーブンで約15〜20分焼く。

※砂糖を入れず、ごまや青のりを加えてクラッカー風にしても。

3歳頃〜

手作りふりかけとラップ包みおにぎり

材料（4食分）

●白いりごま、桜エビ（乾燥）…各大さじ1 ●青のり…小さじ1

●塩…小さじ¼ ●ごはん…80g

作り方

1. フライパンで桜エビ、白ごまを焦がさないようにから煎りする。すり鉢に入れ、桜エビが¼程度の大きさになるようにつぶし、青のり、塩を混ぜる。白ごまも半分程度の大きさにすりつぶす。
2. ラップで茶碗半分くらい（約40g）のごはんを包んで**握り**、ふりかけの中で**転がし**、全体にまぶす。

第3章

困ったときは
このページに戻って

困ったときの役立ち情報

「毎日の栄養バランスはどうやって考えたらいい？」「病気のときのごはんはどうする？」「食材を食べさせてもいいかどうか判断がつかない…」など、困ったときに役立つ情報やレシピを紹介します。気になることがあったときに、いつでも引いてみてください。

【P88～93で紹介するレシピ】基本的に、すべて１歳から食べられるものです。１歳で食べにくいものについてはその都度切り方などの工夫を記載しています。食べる量は年齢や個人差で変わるため、P83の表を参考に加減してください。

栄養バランスのよい献立作り

子どもは必要な栄養素をバランスよくとることで元気に活動し、健やかに成長していきます。そのために、無理なく作れておいしく楽しく食べられるメニューを考えましょう。

「一汁二菜」の和食メニューが献立の基本です

一汁二菜とは、ごはんを基本とする「主食」に、肉や魚などのメインのおかず＝「主菜」、野菜中心のおかず＝「副菜」、不足する栄養素を補い水分をとるための「汁物」で構成される献立のこと。これをベースにしながら、肉や魚を入れたごはんもの（主菜＋主食）や、具だくさんのメインおかずやスープにするなど（副菜＋主菜・汁物）アレンジしていきます。

●基本の栄養バランス

生きていくために必要な栄養素は、炭水化物、脂質、タンパク質、ビタミン、ミネラルの５つ。
それぞれに異なる働きがあるため、バランスよくとることで効果が発揮されます。

①炭水化物

効率のよいエネルギー源

主成分の糖質は消化吸収のスピードが速く、効率のよいエネルギー源。穀類が子どもの脳や体の発育には最適で、不足すると集中力低下につながることも。砂糖もエネルギー源となるが、とりすぎは虫歯や肥満、食事を食べない原因になる。

多く含まれる食品 ●ごはん●パン●麺●いもなど

②脂質

細胞膜や血液の材料になる

エネルギー源となり、細胞膜や血液を構成し、ホルモンを合成する。肉やバターに多く含まれる不飽和脂肪酸は動脈硬化や高血圧症との関連が高く、魚や植物油に含まれる不飽和脂肪酸は逆にそれを予防すると言われる。

多く含まれる食品 ●植物油●バター●肉や魚の脂肪●ナッツ●ごまなど

③タンパク質

体を作る主成分

体を作る細胞の主成分になる。消化によって20種のアミノ酸に分解されるが、うち９種類は必須アミノ酸と呼ばれ、食べ物から摂取しなければならない。動物性と植物性をバランスよくとるとよいが、とりすぎは腎臓に負担がかかる。

多く含まれる食品 ●魚介類●肉類●豆・豆製品●卵●牛乳●乳製品など

④ビタミン

生命維持に必要な栄養素

ビタミンＡは目や皮膚を健康に保ち、粘膜を強くしてウイルスの侵入を防ぐ。ビタミンＢは成長を促し、ビタミンＣは抵抗力を高める。ビタミンＤはカルシウム吸収を促し、ビタミンＥには抗酸化作用がある。

多く含まれる食品 ●レバー●野菜●果物●豆・豆製品●魚介類など

⑤ミネラル

骨や筋肉を作る必須要素

じょうぶな骨や筋肉などを作るために働く、子どもの成長には欠かせない栄養素。カルシウムはじょうぶな骨と歯を作り、鉄分は不足すると貧血に。亜鉛は不足すると味覚障害を起こす。

多く含まれる食品 ●海藻●きのこ類●牛乳・乳製品●野菜●レバー●魚介類など

水

幼児の体の70％くらいは水分でできているため、体重10kgなら１日１ℓ程度の水分を補給する必要がある。

食物繊維

人の消化酵素では消化できない成分。穀類、いも、野菜、海藻、豆類に多く、腸内環境をととのえて有害物質を排泄する働きがある。

●1日の食事量の目安(食品例)

食べる量には個人差がありますが、およそ大人の半分量と捉え、子どもの体格や運動量、その日の体調や気分などに応じて臨機応変に考えます。1日にすべてをとるのではなく、3~4日程度で調整し、食品の量や種類をバランスよく食べられるとよいでしょう。

	1~2歳	3~5歳
エネルギー	およそ1000kcal	およそ1300kcal
穀類	250~300g(ごはん子ども茶碗1杯+8枚切りの食パン1枚+ゆでうどん½玉)	300~350g(ごはん子ども茶碗1杯強+6枚切りの食パン1枚+ゆでうどん⅔玉)
卵	25g(½個)	35g(⅔個)
肉	20g(鶏から揚げ用カット⅔切れ)	30g(鶏から揚げ用カット1切れ)
魚	30g(切身⅓切れ)	40g(切身½切れ)
大豆製品	35g(納豆½パックまたは豆腐⅛丁)	40~45g(納豆⅔パックまたは豆腐⅙丁)
緑黄色野菜	80g(にんじん、ブロッコリー、かぼちゃなど)	90g
淡色野菜	80~100g(玉ねぎ、キャベツ、大根など)	110g
海藻・きのこ類	10~15g(わかめ、しめじなど)	10~15g
芋類	30~50g(じゃがいも⅓個)	40~60g(じゃがいも½個)
果物	100g(りんご⅙個とみかん1個)	100~150g(りんご¼個とみかん1個)
牛乳・乳製品	200~300g(牛乳コップ1杯とヨーグルト1個)	200~300g(牛乳コップ1杯とヨーグルト1個)
油脂類	8g(植物油小さじ2)	12~15g(植物油大さじ1)
糖類	10g(砂糖大さじ1)	15g(砂糖大さじ1と½)

●1日の食事の流れ(献立例)

毎回品数を多くする必要はなく、子どもの食べ具合などを見ながら、1日に必要な栄養量をバランスよくとる工夫をします。食材だけでなく、味つけや調理法も偏らないようにしましょう。

晩ごはん

- ごはん
- 豆腐とわかめのみそ汁
- 焼き魚
- 野菜のごま和え

1日に一度は和の献立を

1日1回は和食の献立にして、会話をしながら食事マナーも伝えます。

おやつ

- 牛乳
- せんべい
- ドライフルーツ

栄養を補い、噛む練習も

不足する栄養素を補います。噛む練習にかたいものにも挑戦。夕食に影響しない量にします。

昼ごはん

- 焼きうどん
- さつまいも甘煮
- ミニトマト

バランスのいい一品メニューに常備菜をプラス

主食・主菜・副菜が一度にとれるバランスのよい一品メニューに、常備菜などすぐ食べられるものを追加します。

朝ごはん

- パン
- 野菜入りスクランブルエッグ
- フルーツヨーグルト

手軽なものに、野菜や果物を添えて

作るのが手軽で、パクッと食べやすいものを。パンやおにぎりに卵の副菜、果物入りのヨーグルトなどを添えて。

幼児食前期（1～2歳）1日のモデルレシピ

ここでは、P83「1日の食事量の目安」にそって、1日の食事例を献立で再現しています。「朝ごはんを増やし、夜は控えめに」など、各献立のボリュームやバランスはご家庭の生活スタイルや子どもの食べる様子に合わせて調整してください。

朝ごはん

ロールパン

●ロールパン…1個

▶ロールパンは縦に4つに切り、軽くトーストする。

野菜卵スープ

●卵…½個 ●白菜…30g ●にんじん…15g ●万能ねぎ…5g

●だし汁…200㎖ ●塩…少々

●水溶き片栗粉（片栗粉小さじ½＋水小さじ1）

▶細く切った白菜とにんじんをだし汁で煮て、塩と水溶き片栗粉を入れとろみをつける。溶き卵を回し入れ、小口切りの万能ねぎを加えて火を止める。

バナナキウイヨーグルト

●バナナ、キウイフルーツ（主に種のまわりの緑色の部分）…各20g

●プレーンヨーグルト…60g ●砂糖…小さじ½

▶砂糖を混ぜたプレーンヨーグルトを器に盛り、1㎝角に切ったバナナとキウイをのせる。

昼ごはん

ヒジキにんじんごはん

●ごはん…80g ●芽ヒジキ（乾燥）…小さじ¼ ●にんじん…5g

●塩…少々

▶芽ヒジキとにんじんは水からゆでて刻み、ごはんに混ぜて塩を加える。2等分してラップで包み、棒状にして両端をねじる。ラップをはがしながら大人が持って食べさせたり、ラップをねじって小さいおにぎりにしてもよい。

豆腐と鮭のブロッコリーあんかけ

●絹ごし豆腐…30g ●生鮭…30g

●ブロッコリー…20g

●だし汁…100㎖ ●しょうゆ、ごま油…各小さじ¼

●水溶き片栗粉（片栗粉小さじ½＋水小さじ1）

▶ブロッコリーはゆでて小さい角切りに、生鮭は焼くかゆでてほぐす。絹ごし豆腐は角切りにする。だし汁に具材を入れて煮る。しょうゆ、ごま油、水溶き片栗粉を加えてとろみをつける。

さつまいものレモン煮

●さつまいも…30g ●砂糖…小さじ½ ●レモン汁…小さじ¼

●塩…少々

▶小鍋に角切りのさつまいもとかぶるくらいの水を入れて火にかけ、沸騰したらレモン汁、砂糖、塩を加えてやわらかくなるまで煮る。

おやつ

マカロニのきな粉和え

●マカロニ…20g ●きな粉…小さじ2 ●砂糖…小さじ1
●ゆで汁…小さじ1
▶マカロニはやわらかくゆで、3等分に切る。器に入れてゆで汁を混ぜる。きな粉と砂糖を混ぜたもので和える。

ぶどう

●ぶどう（デラウェア）…⅓房（50g）
▶ぶどうはそのままか、皮をむいて皿にのせてもよい。

牛乳

●牛乳…120mℓ

晩ごはん

ごはん

●ごはん…80g ●黒すりごま…少々
▶ごはんを茶碗に盛り、黒すりごまをのせる。

かぼちゃのみそ汁

●かぼちゃ…25g ●玉ねぎ…30g ●だし汁…150mℓ
●みそ…小さじ1 ●牛乳…大さじ1
▶かぼちゃは角切りにし、玉ねぎは短い細切りにしてだし汁で煮る。みそを溶かし、牛乳を加えて火を止める。

切り干し大根入り鶏つくね

●鶏ひき肉…20g ●切り干し大根（戻したもの）…5g
●小松菜（茎）…5g ●サラダ油…小さじ½
A［■みそ…小さじ¼ ■溶き卵…小さじ½ ■牛乳…小さじ1
■パン粉…小さじ2］
▶切り干し大根をみじん切りにする。小松菜もゆでてみじん切りにして絞る。鶏ひき肉、Aを合わせてよく混ぜ、3等分して丸める。サラダ油を熱したフライパンに並べ、底面が色づいたら裏返し、湯大さじ1（分量外）を入れてふたをして焼く。

磯辺和え

●小松菜（葉先）、とうもろこし（缶でもよい）…各10g
●焼きのり、しょうゆ…各少々
▶ゆでた小松菜ととうもろこしを刻み、細かくちぎった焼きのりとしょうゆで和える。

幼児食後期（3～5歳）1日のモデルレシピ

ここでは、P83「1日の食事量の目安」にそって、1日の食事例を献立で再現しています。1～2歳に比べて量が増えるだけでなく、噛みごたえのある食材も食べられるようになります。

朝ごはん

ツナおにぎりとチーズ

●ツナ（ノンオイル缶）…10g ●マヨネーズ…小さじ½
●しょうゆ…小さじ¼ ●ごはん…100g ●焼きのり…¼枚
●プロセスチーズ…20g
▶ツナ、マヨネーズ、しょうゆをフライパンで水分が少なくなるまで炒める。ごはんをラップで包んで握り、ツナをのせる。小さく切った焼きのりをつける。チーズは棒状に切って添える。

わかめのみそ汁

●わかめ（戻したもの）…小さじ1 ●かぶ…25g
●だし汁…150mℓ ●みそ…小さじ1と½ ●かぶの葉…5g
▶いちょう切りにしたかぶをだし汁で煮て、刻んだかぶの葉とわかめを入れ、みそを加える。

ミニトマトときゅうりのごましそ和え

●ミニトマト（小）…2個 ●きゅうり…15g
●赤じそふりかけ、白ごま、塩…各少々
▶きゅうりを小口切りにして、赤じそふりかけ、塩、白ごまをかけてもむ。半分に切ったミニトマトと和える。

昼ごはん

豚肉と野菜のトマトスパゲッティ

●スパゲッティ（1.5㎜）…30g ●豚薄切り肉…30g ●玉ねぎ…20g
●ピーマン…5g ●トマトの水煮（缶）…50g ●にんにく…少々
●オリーブオイル…小さじ1 ●塩、砂糖…各小さじ¼
●薄力粉…小さじ½ ●水…大さじ1
▶豚薄切り肉、玉ねぎ、ピーマンは細切りにし、にんにくのみじん切りとオリーブオイルを入れて熱したフライパンに加えて炒める。トマトの水煮、塩、砂糖を加え、具に火が通ったら水で溶いた薄力粉を混ぜてとろみをつける。半分に折ってやわらかめにゆでたスパゲッティを和える。

枝豆

●塩ゆで枝豆（皮つき）…6さや程度

りんご入りポテトサラダ

●じゃがいも…40g ●りんご、ブロッコリー、ハム…各10g
●レタス…5g ●プレーンヨーグルト…大さじ1
●サラダ油…小さじ1 ●塩、砂糖…各小さじ¼
▶じゃがいもは小さく切ってゆでる。水気をきってつぶし、ヨーグルト、サラダ油、塩、砂糖を混ぜる。小房に分けてゆでたブロッコリー、薄いいちょう切りにしたりんご、角切りのハムとレタスを加え、和える。

おやつ

フルーツコーンフレーク

●コーンフレーク（無糖）…20g ●レーズン…小さじ１
●バナナ…50g ●キウイフルーツ…15g ●牛乳…150mℓ
▶器にコーンフレークを入れ、食べやすく切った果物、レーズンをのせる。牛乳を添え、食べる際にかける。

煮干し・おしゃぶり昆布

●おやつ用小魚、昆布など…各小さじ２程度

晩ごはん

ごはん

●ごはん…100g

豆腐とふのりのすまし汁

●絹ごし豆腐…40g ●キャベツ…20g ●ふのり…小さじ１程度
●だし汁…150mℓ ●しょうゆ…小さじ½ ●塩…少々
▶角切りのキャベツをだし汁で煮る。角切りの絹ごし豆腐としょうゆ、塩を入れ、火を止めてふのりを加える。

魚のねぎみそ焼き

●白身魚…40g ●長ねぎ…10g ●みそ…小さじ½
●みりん…小さじ１ ●サラダ油…小さじ¼
▶４枚にスライスした白身魚をサラダ油を薄くしいたアルミホイルに並べ、みじん切りの長ねぎとみそ、みりんを混ぜたものをぬり、オーブントースター（または魚焼きグリル）で約10分焼く。

ナムル

●ほうれんそう、もやし…各10g ●にんじん、とうもろこし…各５g
●ごま油、しょうゆ…各小さじ¼ ●塩、酢…各少々
▶にんじんは短いせん切りにしてゆでる。もやしとほうれんそうはゆでて、２㎝長さに刻む。すべての材料を混ぜ合わせる。

くりかえし作りたいおやつ

おやつの考え方

一度にたくさんの量を食べることができない子どもにとって、おやつは第４の食事。楽しく味わい、ほっとする時間は「心の栄養」にもなります。おやつと上手につきあうことが、子どもの食事をスムーズにする秘訣とも言えます。

ポイント

焼きおにぎりは温かいごはんに片栗粉を混ぜて焼くことで、手に持ったときに崩れにくくなります。ごま入りの甘みそは、いもや豆腐にぬって焼いてもおいしく食べられます。

野菜入り みそ焼きおにぎり

材料

●ごはん…75g（½カップ）
●片栗粉…小さじ½
●ブロッコリー（穂先をゆでたもの）…小さじ２
●サラダ油…適量
●白いりごま、みそ、みりん…各小さじ½

作り方

1. ブロッコリーを刻む。
2. 温かいごはんに片栗粉を混ぜて1を加え、３等分してラップで小判型に握る。表面に薄くサラダ油をぬり、アルミホイルに並べる。半分ほどすった白ごま、みそ、みりんを混ぜてごはんの上にぬり、トースターで約10分焼く。

ポイント

白玉粉と豆腐で作った団子はふんわりとして、もちよりも食べやすい食感。１歳代では１㎝大に小さく作るか、刻んでのどに詰まらないよう注意しましょう。

豆腐入りみたらし団子

材料

●絹ごし豆腐、白玉粉…各20g
●水…小さじ１
A［■だし汁（昆布）…大さじ２ ※湯にだし昆布２㎝角程度を浸して冷ましたもの、または水でもよい
■しょうゆ、砂糖…各小さじ½■片栗粉…小さじ¼］

作り方

1. 絹ごし豆腐と白玉粉をよく混ぜる。水を少しずつ混ぜ、耳たぶくらいのかたさにして、８等分にして丸め、真ん中をくぼませる。
2. 沸騰した湯に1を入れ、浮き上がってから１～２分ゆで、冷水に取る。
3. 小鍋にAを混ぜて入れ、沸騰してとろみがつくまで煮る。水気をきった2をからめる。

おやつのポイント

薄味のものを選ぶ

大人が食べるような砂糖、塩、油脂の多いものは特別なときだけに。一度濃い味を覚えると、野菜や薄味のものを受け入れにくくなることも。

噛む力を育てる食材や調理法を選ぶ

やわらかい菓子パンなどではなく、しっかり噛んで食べるものを与える。ゆっくり噛んで食べることで満足感もアップする。

ごはん代わりになるものを

特に小食の子は、不足する栄養素を補うようなものに。三度の食事におやつメニュー（蒸しパンなど）を取り入れて食欲を促すのもひとつの方法。

時間と量を決めて与える

おやつは必ず食べなくてはいけないものではないので、食事が空腹で食べられることを優先する。虫歯予防のためにも、だらだら食べはさせないで。

ポイント

カルシウム豊富でおなかの調子もととのえるヨーグルト。粘性のある甘味料を混ぜると、凍ってもなめらか。冷凍庫から出して少し室温におくと、食べやすいやわらかさに。

フルーツフローズンヨーグルト

材料（2食分 ※約2㎝角×10個分）

- プレーンヨーグルト…100mℓ
- いちごなど好みのジャム…大さじ1

※ジャムの代わりにはちみつでも。つぶしたフルーツを入れてもよい

作り方

1. プレーンヨーグルトにジャムを混ぜる。
2. 製氷皿に1を7分目くらいまで入れ、冷凍庫で冷やしかためる。
※密閉容器やポリ袋に移して2週間ほど保存できる。

ポイント

ビタミンCや食物繊維が豊富ないも類は、ぜひおやつの定番にしてほしい食品。干しいもも手軽に食べられるのでおすすめです。

さつまいものバター焼き

材料

- さつまいも…60g
- バター…小さじ½
- 黒いりごま…小さじ¼

作り方

1. さつまいもは皮を半分ほどむいて1㎝厚さの輪切りにし、水にさらす。
2. フライパンに水気をふいたさつまいもを並べ、バターを入れて火にかける。ふたをして両面がこんがりと色づくまで焼く。黒ごまを指先でひねりながらかける。
※バターの代わりにサラダ油で焼き、塩を少量ふってもよい。

不調のときのごはん

具合が悪いときの食事の考え方

症状が激しいときは無理に食べさせず、脱水症状にならないように水分補給を優先します。医師の指示に従って、食欲があれば消化のいいもの（脂肪や繊維質が少なく、刺激の少ないもの）を少しずつあげ、回復を促しましょう。

ポイント

糖分、塩分を消化のよいおかゆで補給します。野菜や果物に含まれるペクチンには整腸作用があり、下痢や便秘を予防する効果が。

嘔吐・下痢　シラス入りにんじんかぼちゃがゆ

材料

●ごはん…40g（¼カップ程度）
●にんじん…5g
●かぼちゃ…10g
●シラス…小さじ1
●だし汁（昆布）…150㎖ ※湯にだし昆布2㎝角程度を浸して冷ましたもの、または水でもよい
●塩…少々

作り方

小鍋に、ごはん、すりおろしたにんじん、皮を取り薄く刻んだかぼちゃ、シラス、だし汁を入れて混ぜ、ふたをして火にかける。沸騰したら弱火にし、時々かぼちゃをつぶしながら約15分炊く。塩を混ぜて蒸らす。

ポイント

粘膜の炎症にはのどごしがよく刺激が少ないものを。鍋は蒸気で呼吸を楽にし、うまみや栄養素を含むスープで水分補給ができます。ビタミンC豊富なかぶはすりおろして加えて。

風邪　タラとかぶのみぞれ鍋

材料

●真ダラ…20g ※その他の白身魚でも可
●かぶ…50g
●かぶの葉…5g
●絹ごし豆腐…20g
●だし汁…150㎖
●しょうゆ…小さじ½

作り方

1. だし汁を火にかけ、煮立ったら骨と皮を取ってひと口大に切った真ダラと角切りの絹ごし豆腐、みじん切りのかぶの葉を入れて煮る。
2. しょうゆを加え、すりおろしたかぶを入れて火を止める。

基本の3STEP

STEP 1
食欲が出るまでは水分と電解質を与える
食欲がなくても、水分補給はこまめに。特に発熱や嘔吐、下痢がある場合には水分と電解質が奪われやすいので、しっかり水分を補給する。

STEP 2
消化・吸収がいいものを与える
おかゆなど消化しやすいやわらかいものを薄味で、少しずつあげる。特に嘔吐・下痢の場合は症状が治まるまで慎重に進めて。

STEP 3
症状がおさまったら普通の食事に戻す
長期の制限は栄養不足になるため、栄養バランスのよい食事をとって回復を促す。医師の指示に従い、食べやすいものを中心に徐々に戻す。

ポイント
おから、プルーン、バナナ、ココアなど食物繊維が豊富な食材をとりましょう。整腸作用のあるオリゴ糖が含まれたてんさい糖や、少量の油も便通をスムーズにします。

便秘　プルーンとバナナのおからココアマフィン

材料（4個分）
●ドライプルーン（種抜き）…2個
●バナナ…½本
A［■生おから…20g
■サラダ油、砂糖（あれば、てんさい糖）…各10g
■塩…少々］
B［■薄力粉…50g ■ベーキングパウダー…小さじ1
■ココアパウダー…小さじ1弱］

作り方
1 ボウルに刻んだバナナの半量とAを入れて泡立て器でよく混ぜ、Bをザルに合わせてふるい入れ、ゴムベラでしっかり混ぜる。
2 カップケーキの型などに1を7分目くらいまで入れ、プルーンと残りのバナナを刻んでのせ、軽く押し込む。180℃に予熱したオーブンで約20分焼く。

ポイント
とろみのある煮りんごとヨーグルトを合わせて、ひんやりなめらかなのどごしに。発熱による汗で失われる水分、ミネラルを補給します。

発熱　りんごのくず煮&ヨーグルト

材料（6食分）
●りんご…1個（160g）
●水…200㎖
●砂糖…20g
●塩…ひとつまみ
●くず粉（または片栗粉）…小さじ1
●プレーンヨーグルト…大さじ3（1人分）

作り方
1 りんごは皮と芯を取り、いちょう切りにする。水から煮て、砂糖、塩を加え、煮汁が少なくなるまで煮つめる。水で溶いたくず粉を回し入れ、軽くつぶしながらとろみがつくまで煮る。粗熱が取れたら冷蔵庫で冷やす。
2 器にプレーンヨーグルトを入れ、1をのせる。

食物アレルギー

アレルギーとは？

体外から進入した異物を退治しようとする仕組みのことを免疫といい、免疫システムの過剰な反応で起きる病気がアレルギー。消化力が未熟な乳幼児はなりやすく、湿疹や嘔吐など、症状もさまざま。代表的なアレルギー対応レシピをご紹介します。

卵を使わない

豆腐の炒り卵風

ポイント

豆腐を炒って水分を飛ばし、色と味をつければ炒り卵のようになります。食べられないものに似せた「もどき」料理で食の楽しみを広げましょう。

材料

●木綿豆腐・…50g
●サラダ油、砂糖、塩、しょうゆ…各少々
●ターメリック（またはパンプキンパウダー・あれば）…少々
●万能ねぎ（あれば）…適量

作り方

サラダ油を熱したフライパンに木綿豆腐を入れ、砂糖、塩、しょうゆを少しずつ加えてヘラでつぶしながら炒る。あれば少量のターメリックで黄色く色づけし、水分が飛んでそぼろ状になるまで炒る。小口切りにした万能ねぎを散らす。

そば、小麦粉、卵を使わない

ひえ麺の米粉天ぷらそば

ポイント

ひえ麺（雑穀麺）と米粉を使えば、天ぷらそばを楽しめます。小麦粉を使わない雑穀麺には、あわ麺（ラーメン風）、きび麺（パスタ風）などがあり、自然食品店などで入手できます。

材料

●ひえ麺…30g ●さつまいも…20g ●にんじん、玉ねぎ…各15g
A［■米粉…大さじ1と½ ■ベーキングパウダー…小さじ⅛
■水…大さじ1 ■塩…ひとつまみ］
●揚げ油…適量
●だし汁（昆布としいたけ）…150㎖ ※湯400㎖に昆布5㎝角、干ししいたけ1枚を浸したもの
●しょうゆ…小さじ1 ※大豆や小麦アレルギーの場合は、雑穀原料のしょうゆを使用
●砂糖…小さじ½ ●長ねぎ…5g ●ほうれんそう…10g

作り方

1. だし汁を温め、しょうゆ、砂糖を入れて煮立たせ、小口切りの長ねぎを入れて火を止める。
2. さつまいもは半月切り、玉ねぎは1.5×3㎝角に、にんじんは1㎝幅×4㎝の棒状に切る。**A**を混ぜた衣をさつまいも、にんじん、玉ねぎにつけ、中温の油で衣がカリッとするまで揚げる。ほうれんそうはゆでて刻む。
3. ひえ麺を半分に折って袋の表示通りにゆでて、水にさらす。水気をきって**1**に入れ、食べやすいかたさになるまで弱火で温める。器に盛り、**2**をのせる。

対応のポイント

代替食品を利用して栄養不足を防ぐ
栄養が不足しないよう、卵や牛乳などの代わりに豆製品や魚などを利用。食べられない料理を代用食品で再現するなど、食の経験を広げる工夫も大切。

アレルギー対応食品を上手に探す
自然食品店やインターネット通販などを使って、アレルギー対応食品の購入先を探す。仲間を見つけて情報交換するのも有効な手段。

定期的に受診し、適切な治療を受ける
自己判断で除去をすると、成長期の子どもにマイナスになる場合もあるため、医師と相談してそのときに合った治療(除去食)を行う。

主なアレルゲンを知っておく
「卵・牛乳・小麦・落花生・そば」が5大アレルゲン。その他に大豆・青魚・ごま・果物なども主なアレルゲンとなるので注意が必要。

小麦粉、牛乳を使わない

ポイント

コーンクリームに米粉でとろみをつけたソースをホワイトソース代わりに。最後にのせたもちはパン粉の代わりのアクセント。米せんべいを砕いてのせても○。

白身魚クリームコーングラタン

材料

●白身魚(カレイなど)…30g ●玉ねぎ…20g
●グリーンアスパラガス…½本 ●サラダ油…小さじ½
A[■だし汁(昆布)…50mℓ ※湯にだし昆布2㎝角程度を浸して冷ましたもの
■クリームコーン(缶)…50mℓ
■米粉…小さじ1 ■塩…少々]
●切りもち(あれば)…適量

作り方

1. サラダ油を熱したフライパンで短いせん切りの玉ねぎを炒め、骨と皮を取った白身魚を入れ、ふたをして焼く。斜め薄切りのグリーンアスパラガス、Aを混ぜて加え、とろみがつくまで煮る。
2. 1を耐熱皿に広げ、すりおろしたもちをかける。オーブントースターで薄く焼き色がつくまで約10分焼く。

小麦粉、卵、牛乳を使わない

ポイント

かぼちゃの色で卵を入れたような仕上がりに。タピオカ粉、パンプキンパウダーは製菓材料店や自然食品店で入手できます。

かぼちゃ入り米粉パンケーキ

材料(4枚分)

A[■米粉…70g ■タピオカ粉(または片栗粉)…30g
■ベーキングパウダー…6g ■パンプキンパウダー…4g]
B[■豆乳…120g ■サラダ油…15g ■砂糖…15g
■塩…小さじ⅛ ■レモン汁…小さじ½]
●メープルシロップ(好みで)…適量

作り方

1. ボウルにBを入れて泡立て器でよく混ぜ、Aを合わせて加え、粉が見えなくなるまで混ぜる。
2. サラダ油(分量外)を熱したフライパンに、お玉8分目くらいの量の1を丸く流し入れる。ふたをして弱〜中火で両面がきつね色になるまで焼く。
3. 食べやすく切って皿に盛り、好みでメープルシロップなどをかける。

食べていいもの・悪いもの早見表

幼児期は大人とほぼ同じものが食べられるようになるものの、食べにくいもの、消化機能に負担がかかるものなど、まだ注意が必要な食品も少なくありません。1歳は離乳食の目安に準じて比較的慎重に進めます。1～2歳より3歳の方が消化力や抵抗力、そしゃく力などが総じて力がつくため、食べられるものが増えていきます。

●食べられないのは、どんなもの？

油分が多いもの

とりすぎると消化機能に負担がかかるうえ、肥満につながる。植物油や魚の油は体によい成分も含まれるため、全くとらないのも×。

➡こうすればOK
余分な脂は取り除き、油を使う調理が続かないようにし、その他のメニューをあっさり仕上げる。バター、生クリームなど乳脂肪の多いものは少量に。

塩分・糖分が多いもの

濃い味に慣れると繊細な味覚を育てられない。過剰な塩分は腎臓に負担をかけ、甘いもののとりすぎは虫歯になりやすく、低血糖症などを引き起こす恐れも。

➡こうすればOK
水洗いをする、ゆでて塩分を抜く。また、料理の味つけに食材自体が持つ塩分や糖分を利用したり、液体なら水で薄めたりする。

噛みにくいもの

奥歯が生えそろい、噛む力が強くなるまでは、繊維質のもの、弾力のあるものは避ける。丸のみしてのどに詰まらせることもあるので要注意。

➡こうすればOK
薄く切る、細かく刻む、野菜はやわらかく煮るなど食べやすく加工する。汁気のあるものや、まとまりやすい食品と合わせて使う。

誤《ご》嚥《えん》の可能性があるもの

子どもは食べ物を詰まらせやすく、気管の働きも未熟で、気管に入って肺炎を起こす恐れも。丸くてつるつるしたもの、強い粘りのあるものには特に注意が必要。

➡こうすればOK
のどに詰まらないよう小さく切る。ゆで大豆やピーナツなどかたいものは細かくつぶす、のどに貼りつきやすいのりは小さく切るなどする。

生もの

まだ免疫力が弱く食中毒にもなりやすいため、細菌感染の心配のあるものには注意が必要。特に1歳代では控え、2歳以降も鮮度のよいものを少なめに与える。

➡こうすればOK
基本的には加熱して火を通して食べさせる。生で食べさせる際は、新鮮なものを清潔な器具を使って加工し、すぐに食べるようにする。

刺激が強いもの

辛いもの、においがきついものなどは刺激が強く、子どもは苦手。のどや胃の粘膜にも負担がかかり、他の食事が進まなくなることも。

➡こうすればOK
こしょう、カレー粉などの香辛料は香りづけ程度であれば使ってもOK。先に子ども用を取り分けてから、大人用にのみ加えてもよい。

●素材別・食べられないものリスト

マークの見方：○…食べさせてもOK　△…量や与え方などに注意すればOK　×…食べさせてはダメ

■肉類、卵

脂肪の少ない肉類を中心に、火を通して与える。ベーコンやチーズなどは脂肪、塩分が多いので少量に。噛み切れない厚切り肉などは細かく刻めばOK。

これもNG!
●脂肪の多い部位（豚バラ、牛サーロイン、鶏皮など）
●牛タン　●サラミ

チーズ

※キャンディチーズはのどに詰まりやすいため小さく切る

生卵

厚切りの肉

ベーコン

	チーズ	生卵	厚切りの肉	ベーコン
1歳	△	×	△	△
2歳	○	×	△	△
3歳	○	△	○	○

■魚介類

刺身類はそのまま食べさせられるため１歳頃から与える場合もあるが、赤身だからOKというわけではなく、食中毒のリスクを認識し、アレルギーの有無も確認して判断する。

これもNG!
- うなぎ（刻んで少量なら可）
- 粕漬け

かまぼこ

1歳	2歳	3歳
△	○	○

イクラ、たらこ

1歳	2歳	3歳
△	△	○

たこ・いか・貝類

※細かく刻めば可

1歳	2歳	3歳
△	△	○

刺身

※鮮度のいいものを清潔に調理。しょうゆは少量に。

1歳	2歳	3歳
×	△	○

■穀類・野菜・ナッツ類

のどに詰まりやすいもの、噛みにくいかたさのものは細かく刻み、生の香味野菜は火を通してから与えるようにする。

これもNG!
- 味つけのり
- ざるそば
- こんにゃく（刻めば可）

もち

※白玉団子は小さく切れば可

1歳	2歳	3歳
×	△	△

ピーナツ

※のどに詰まったり、気管に入ったりする危れあり

1歳	2歳	3歳
×	×	△

漬物

※水洗いして刻めば少量なら可

1歳	2歳	3歳
△	△	△

生の玉ねぎ・長ねぎ・にんにく

1歳	2歳	3歳
×	×	△

■市販の加工品

油脂、塩分、糖分が多いもの、添加物が多いものは負担となるためNG。食べられる内容のもの（ごはんだけ、無添加のもの、子ども向けなど）を選び、控えめに与えるのはOK。

これもNG!
- すし
- シーフードマリネ
- 生野菜サラダ

アイスクリーム・シェイク

1歳	2歳	3歳
×	△	△

スナック菓子・チョコレート

1歳	2歳	3歳
×	×	△

インスタントラーメン

1歳	2歳	3歳
×	×	△

市販の惣菜・弁当

1歳	2歳	3歳
△	△	△

■香辛料・嗜好飲料

１～３歳までを通じて、辛いものはNG。飲料はカフェインが含まれるものや、糖分の多いものは薄めて、たまに少量をあげる程度にする。

これもNG!
- 明太子
- 炭酸飲料

キムチ

1歳	2歳	3歳
×	×	×

コーヒー・紅茶・緑茶

1歳	2歳	3歳
×	△	△

乳酸菌飲料

1歳	2歳	3歳
△	△	△

辛いスパイス

※カレー粉、わさび、からしなど

1歳	2歳	3歳
×	△	△

著 者

中村美穂（なかむら・みほ）

管理栄養士・フードコーディネーター・国際薬膳調理師。2児の母。保育園栄養士として乳幼児の食事作りや食育活動、地域の離乳食講習会や食事相談などに従事。
現在は東京都西東京市を中心に「おいしい楽しい食時間」を開催するほか、書籍・雑誌・広告のレシピを多数担当している。
著書『きちんとかんたん離乳食』（赤ちゃんとママ社）、『1歳半～5歳　子どもと食べたいつくりおきおかず』（世界文化社）ほか。
HP：http://syokujikan.com

部分監修（P6～11、P16～17、P20～24の一部、P56～76の一部）

中村明子（なかむら・あきこ）

看護師・保健師。東京医科歯科大学医学部保健衛生学科看護学専攻卒業、日本赤十字看護大学大学院小児看護学専攻修士課程修了。
共著（一部執筆）に、『小児看護実習ガイド』（照林社）、『やさしくわかる小児看護技術』（ナツメ社）がある。 2児の母。

スタッフ

撮影　矢野宗利
イラスト　min
デザイン　尾崎文彦（株式会社トンプウ）
編集・構成　佐々木智恵美、池上裕美（株式会社ケイ・ライターズクラブ）
企画・進行　宮崎友美子（辰巳出版株式会社）

撮影協力

P20、79
杉本理帆ちゃん（1歳6ヵ月）　洋子さん
P22、78、79
矢野利一くん（2歳7ヵ月）　優子さん
P24、79
緑川詩乃ちゃん（3歳7ヵ月）　顕史さん

商品協力

株式会社 青芳製作所　☎0256-63-3442
無印良品 池袋西武　☎03-3989-1171
銀座小夏　☎03-3574-5566

＊読者の皆様へ
本書の内容に関するお問い合わせは、お手紙かメール（info@TG-NET.co.jp）にて承ります。恐縮ですが、電話でのお問い合わせはご遠慮ください。

まいにちの手を動かす食事で、すくすく育つ

1～3歳 発達を促す子どもごはん

2012年 9月25日　初版第1刷発行
2021年10月10日　初版第13刷発行
著　者　中村美穂
編集人　宮田玲子
発行人　廣瀬和二
発行所　株式会社日東書院本社
〒113-0033　東京都文京区本郷1-33-13　春日町ビル5F
TEL：03-5931-5930（代表）
FAX：03-6386-3087（販売部）
URL：http://www.TG-NET.co.jp
印刷所　三共グラフィック株式会社
製本所　株式会社セイコーバインダリー

Printed in Japan　ISBN 978-4-528-01462-6 C2077